U0055512

Hi! Story · Hi! Story · Hi! Story · Hi! Story

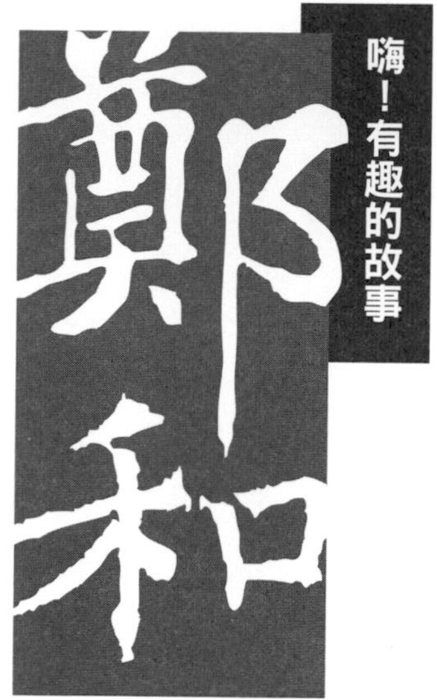

林遙

Hi! Story

【出版說明】

在文字出現以前，知識的傳遞方式主要就是語言，靠口耳相傳的方式記錄歷史與情感表達。人類的生活經歷、生命情感也依靠著「說故事」來「記錄」。是即人們口中常說的「傳說時代」。然而文字的出現讓「故事」不僅能夠分享，還能記錄，還能更好、更廣泛地保留、積累和傳承。

《史記》「紀傳體」這個體裁的出現，讓「信史」有了依託，讓「故事」有了新的準則：文詞精鍊，詞彙豐富，語言精切淺白；豐富的思想內容，不虛美、不隱惡。選擇人物一生中最有典型意義的事件，來突出人物的性格特徵，以對事件的細節描寫烘托人物的情感表現，用符合人物身份的語言，表現人物的神情態度、愛好取捨。生動、雋永而又情味盎然。

「故事」中的人物和事件，從來就是人類的「熱門話題」。她是茶餘飯後的趣味談資，是小說家的鮮活素材，是政治學、人類學、社會學等取之無盡、用之不竭的研究依據和事實佐證。

中國歷史上下五千年，人物眾多，事件繁複，神話傳說與歷史事實並存，正史與野史交錯互映，頭緒繁多，內容龐雜，可謂浩如煙海、精彩紛呈，展現了中華文化的源遠流長與博大精深。讓「故事」的題材取之不盡，用之不竭。而其深厚的文化底蘊如何呈現，怎樣傳承，使之重光，無疑成為《嗨！有趣的故事》出版的緣起與意趣。

《嗨！有趣的故事》秉持典籍史料所承載的歷史精神，力圖反映歷史的精彩與真實。深入淺出的文字使「故事」更為生動，更為循循善誘、發人深思。

《嗨！有趣的故事》以蘊含了或高亢激昂或哀婉悲痛的歷史現場，以對古往今來無數先賢英烈的思想、事蹟和他們事業成就的鮮活呈現，於協助讀者不斷豐富歷史視域和深度思考的同時，不斷獲得人生啟迪和現實思考，並從中汲取力量，豐富精神世界，在實現自我人生價值和彰顯時代精神的大道上，毅勇精進，不斷提升。

#【導讀】

鄭和出生在雲南，他的父親叫馬哈只，哥哥叫馬文銘。大概十歲左右的時候，因為戰亂，少年鄭和背井離鄉，被送進宮裏。

鄭和之所以名聞天下，主要是因為他從明永樂三年（一四〇五年）到明宣德八年（一四三三年），七次率領船隊遠下西洋的偉大壯舉。鄭和時代的「西洋」，大體是指亞洲南部與非洲東部沿海，處在印度洋海域的各個國家和地區。

鄭和七次下西洋，規模最大的一次是率領由兩萬七千八百餘人、兩百多艘船隻組成的龐大艦隊，最遠抵達非洲東海岸的一些國家和地區。在歷時二十八年七次下西洋的過程中，鄭和每到一地，都將所帶貨物交換當地土產，促進了文化交流和商品流通。鄭和所率船隊航跡遍及三十多個國家和地區，達到了中國古代航海外交的巔峰，在中國古代對外關係史乃至世界文明史上寫下了光輝的一頁。

本書選取了鄭和下西洋過程中幾個精彩的故事，如古里建碑、舊港擒捉海寇陳祖義、錫蘭山佛寺佈施、滿剌加建官倉、協助蘇門答剌平叛等。雖然無法全面展現鄭和下西洋的所有具體經過，但藉由故事的鋪展，可以呈現十五世紀初明朝航海使團下西洋的盛況：其船舶數量之多、船隻噸位之巨、航行里程之遠、航海技術之先進，在當時乃至此後一個世紀內，都是無可比擬的。

鄭和歷盡艱辛，七下西洋，促進了與沿途各國之間的往來與交流，是當之無愧的偉大航海家。

目錄

出版說明 002
導讀 004
帝國的艦隊 008
王者風範 028
瓷路漫漫 053
陌生的遠帆 071
重修報恩寺 097
在浩瀚中永生 118
尾聲 135
鄭和生平簡表 138

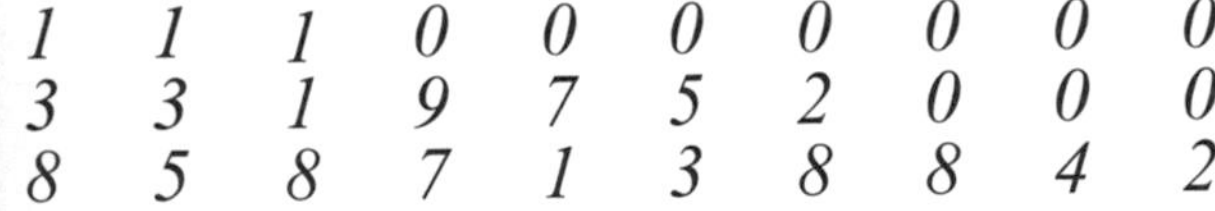

帝國的艦隊

開放海禁的爭論

隨著一聲沉悶、沙啞的聲響，太廟的大門被打開。透過從兩側窗櫺斜射而入的陽光和浮動的塵埃，可以清楚地看到明太祖朱元璋的畫像。

畫像中，朱元璋沉鬱莫測的表情，讓所有人感到隱隱不安。絹本畫像的每一絲纖維，似乎都在講述著他一生沉重、血腥的歷史，同時無言地昭示著後世子孫奉天法祖的意義與責任。

朱棣拜謁過先帝的牌位後，起身回宮。朱棣掃了一眼大殿內匍匐跪拜的群臣，微合二目，兩眼夾縫的微弱空間，彷彿洞穿了帝國的一切。

剛剛結束的那場宮鬥，把南京的空氣彷彿都浸在了血泊之中，紫禁城甬道的血跡似乎還沒有擦乾。建文帝朱允炆生死不知，下落不明，雖然有人傳說他的手上還握著所謂的傳國玉璽，然而，這一切對於朱棣而言，只是時間問題。在日後很長的一段時間裏，朱棣將用手中的權力去實現自己的夢想，一個富國強兵的夢想，一個萬國來朝的偉大帝國的夢想。

鄭和，穿上了皇帝特許太監穿的三品金孔雀服，六隻喙含奇珍異寶的金色祥禽圍繞在身上，朝堂上那些只允許穿常服參加朝會的文武百官，顯得有些暮氣沉沉了。

鄭和雖然是第一次在群臣面前答對，但似乎並沒有怯場，也沒有想像中的緊張的表現。

鄭和面向朱棣，將出使日本從足利義滿那裏接過的「臣服表」讀畢，並將與日本交涉的兩國共同蕩滌海寇、開展貿易等事項逐條朗聲陳具。朱棣龍顏大悅，頻頻點頭。然而，鄭和的話音剛落，所有的不滿和反對如同決堤洪水，傾瀉而出。

「臣請陛下三思，扶桑乃是不通王化之邦，完全不講禮儀之國，先帝與其斷絕往來是有道理的。」

帶頭反對的是文淵閣大學士楊榮。他素以直言不諱著稱，就在朱棣攻陷南京之後不久，楊榮作為一名「南京舊臣」，卻敢攔住朱棣的馬頭大聲說：「殿下是先謁皇陵還是先即帝位？」朱棣一怔之後，還是欣然接受了楊榮的勸諫，並讓他進了文淵閣。今天這位不怕死的大學士，又很不恰當地抬出了先帝。

朱棣今天沒有御道前的容忍與耐心，他非常不高興：「何以見得？」

楊榮坦言：「區區彈丸之地，人同其地，小肚雞腸。更何況有前朝世祖兩次興師征討，日本國至今還懷有餘恨，圖謀不軌，不可不防。」

朱棣沒有多看楊榮一眼，而是把目光轉投鄭和。

鄭和輕彈袍袖，笑答：「楊大人此話差矣，兩國不交才是倭寇不絕的根源，若兩國通好，共治匪患，我大明東南沿海河清海晏，豈非幸事？」

禮部侍郎兼華蓋殿大學士楊士奇淡淡冷哼一聲：「子曰，『道不行，乘桴浮於海』，而今躬逢盛世，你在此鼓吹乘桴浮於海意欲何為？」

鄭和也以孔孟之理回敬：「聖人也曾提出『柔遠人則四方歸之』，還說『有朋自遠方來，不亦樂乎』，倘若聖人活到今日，也會欣然面對這『遠邦交』的盛世。大人口中的『道不行，乘桴浮於海』只是聖人的比喻罷了。」

這些飽學鴻儒並沒有把鄭和一個宦官放在眼裏，他們深信這些宦官依仗的無非是皇帝的寵信，但是鄭和的回答著實出乎朝臣的預料，他們不知道這個年輕的太監哪裏來的見識，援引經典，竟把兩個大學士駁得啞口無言。

戶部尚書夏原吉覺得從外交與禮法而言，鄭和也許還能討到便宜，但論及遠交外邦所費錢糧一事，定是皇帝在乎的：「同番國交往所需錢糧更需統籌，從長計議，頻繁派人出使海外，給予番國的賞賜也日益增多，長此以往，國庫將不堪重負。」

朱棣聽罷搖頭，輕歎一聲：「虧你們還知道我大明乃泱泱大國，而今畏首畏尾，不主動與外邦交往，一味閉關設防，大國威嚴豈不喪失殆盡？」

的確，太祖在世時，爪哇國（今印尼爪哇島一帶）曾無端戕害明朝取道該國前往三佛齊國（即舊港，今印尼蘇門答臘島東南部的巨港）的使者；幾年之後，安南國（今越南）興兵侵佔明朝藩屬占城國（今越南中南部）領土。這些國家不把大明威儀放在眼中，也是不爭的事實。

朱棣的詰問顯然在表達對諸位舊臣的不滿。朝堂上，頓時一片寂靜。然而這些尊奉程朱理學的傳統文人，又何嘗把生死看得那麼重呢？他們信奉威武不能屈的氣節，朱棣與鄭和又何嘗不明白。所以，面對這些冥頑不化的朽儒，一再打壓將會引起不必要的麻煩。

鄭和深得朱棣的用心，就著剛才提到的經濟得失問題論及大明開國以來的海禁。正是因為海禁，正常貿易渠道被人為阻塞，市舶司（管理海外貿易的官署）幾近廢除。海禁迫使民間走私猖獗，海盜橫行，沿海百姓被迫逃亡他處，朝廷實際所受的損失，豈止是區區關稅小利而已。

鄭和堅信：「開放海禁，中外通好，乃興國之道。」

方纔已被鄭和駁斥一回的楊榮，從鄭和口中聽到「海禁」一詞，頓時反應過來：「海禁」乃是開國太祖高皇帝的遺訓。他上前懇言：「先帝屍骨未寒，輕言廢除海禁無異謀逆！」

這一句真是擊中了要害！朝堂之中的舊臣頓時紛紛點頭稱是。

鄭和一時語塞，他知道這個時候無論再說什麼，都會被這些儒臣扣上「大逆不道」的罪名，如果龍椅上的朱棣也參與其中，就會正中他們的下懷。

鄭和凝視著高高在上的朱棣：「臣奉旨諭日本國督察海匪，與我天朝共剿之，今已圓滿完成，其他事務請聖上天裁。」

朱棣明白，鄭和將話題拋過來，就是想請自己趕緊堵上這幫大臣的嘴，這樣的議事，就算議到天亮也沒個終結。

朱棣何嘗不想放開海禁，重現漢唐四方來朝的盛況。但是面對《皇明祖訓》序中父皇以斬釘截鐵的口氣，囑咐他的皇位繼承者和所有後人：「凡我子孫，欽承朕命，勿作聰明，亂我已成之法，一字不可改易……」朱棣的心胸豈在太祖之下，但父皇遺訓又豈能公然違背？楊榮的話的確不太中聽，但在這個時候他只能選擇沉默。

他正要起身宣佈退朝，楊榮又開了言：「臣還有一言，不知當講否？」

朱棣有點不耐煩：「有話就快說吧！」

楊榮極力想挽回顏面，他故意瞥了鄭和一眼：「陛下近些時候派往海外的使者，多為內臣，臣以為不妥……」

朱棣還沒等他說完便打斷他：「是否又是事關祖制？」

楊榮橫下心答道：「不錯！宦官乃刑餘小人，聲音怪異，身形猥瑣，出使外邦，有損天朝威儀。」

站在朝堂上的鄭和，突然覺得楊榮的話彷彿一記耳光，當著朝堂上下眾人的面狠狠地抽打在他的面頰之上。的確，他只是宦官，同他一樣出使海外的還有侯顯使西番，李興使暹羅（今泰國），尹慶使滿剌加（今馬來半島南部的馬六甲），海童、李達……這些都是宦官，可又哪一個是身形猥瑣？

朱棣忽地從龍椅上站起，他指著鄭和詰問朝堂上的大臣：「你們給朕好好看看，他是聲音怪異、身形猥瑣、有損天朝威儀的人嗎？」

皇帝不等宣佈退朝，拂袖而去。

寶船如巨龍

朝議之後，朱棣做了件讓所有人瞠目的事情。

他接連發出幾道聖旨：責成南京、泉州等地的船廠，大批製造遠洋航行的帆船。

朱棣「不宣而行」的舉動，給了鄭和無言的支持，鄭和心底的陰鬱頓時一掃而空。

朱棣派鄭和去督察造船，命他務必抓緊，不許有絲毫懈怠。鄭和欣然領命，很快一行人馬便到了位於龍江關的船廠。

顯然這裏比先前大了許多，造船場地的面積數倍於前。最顯眼的是增加了七個巨大的作塘，排列在揚子江岸邊，高大的閘門將滔滔江水擋在江堤之外，作塘裏一片繁忙景象。此時的龍江船廠已經擴充到三萬多人，按專業分成木作、鐵作、舵作、篷作及索作五組，比起原來小作坊，已是一番新的格局。

造船技術在中國可謂歷史久遠，早在秦漢，北起渤海，南至廣東沿海的海上交通製造業就已興起，那時已經有了比較成熟的木質帆船問世。隨後船體不斷加大，船具日臻齊備，船舶的種類也逐漸增多。漢武帝曾在江西建造過「豫章大船」，甲板之上樓櫓高至四層，宏偉異常。至隋唐，以船身巨大、載貨眾多、結構堅穩、設備完善著稱於世，其中有一種稱為「俞大娘」的船，載重超過萬石（約三百一十公噸）。時至宋元，造船技術突飛猛進，當時的船體首狹而底尖，吃水極深，龍骨由兩段接成，自龍骨至舷側有船板十四行，均以麻絲、竹茹、桐油灰艌縫。

擺在鄭和面前的寶船圖紙，船身比歷朝歷代的都大，遠航的能力也要求比歷朝歷代的都強。寶船的造型必須展現出大明王朝的繁榮和強盛。在朱棣的口中，這只是一道諭旨，但在鄭和面前卻是無數的難題。

建造大船，大型木料便是頭一道難關。鄭和親自查看從各地採辦來的木材，放眼看去，江中運木料的航船絡繹不絕，岸上運木料的馬車前不見頭，後不見尾，可謂船如流水車如龍。鄭和讓人仔細算來，造一百八十三艘大型遠洋船，其中還有四艘特大號寶船，共需多少木料。當匠人將詳細的數據遞到鄭和面前時，鄭和很快便意識到當前最著急的問題是需要採辦特大號的栗木或櫟木木料，以製造大型寶船的桅桿和舵杆。

鄭和派人繼續督造船隻，他則親自去督促採辦寶船急需的特大木料，並一路巡查遠洋貿易所需要的上萬件瓷器和上萬匹絲綢，以及採辦大量鐵器、布匹、茶葉、蠟燭、白酒、菜油等特產。這些東西數量巨大，朱棣又是一個急性子的君王，當組織龐大船隊下西洋的決心下定，各方面的準備，頃刻間成了火燒眉毛的事情。

江西吉安羅霄山，自古便以盛產巨木聞名，遮天蔽日的原始森林留下了鄭和的足跡。很快，參天的古木沿著贛江湍急的水面，向南京順流而去。

一路上，山清水秀，美景不斷，鄭和的心情好了許多，步履也輕快了。他離開雲霧繚繞的羅霄山，走向盛產瓷器的景德鎮。景德鎮在昌江南岸，原名新平，宋朝改稱景德，這裏的土壤種糧極差，燒瓷卻天下第一，皇宮御用的瓷器、賞賜番國王室的瓷器均在這裏燒造。

當鄭和再次回到龍江船廠的時候，一個氣宇不凡的人在此恭迎——他叫王景弘。

鄭和欣然向皇帝派來的這位助手傾訴了一路行來的收穫。

王景弘也坦言，龍江造船廠打造寶船，可說已是萬事俱備，只是寶船的式樣還沒有設計出來，寶船需要的大鐵錨如何鑄造也沒有人能夠想出辦法。

按照皇帝的要求，寶船應當是前無古人的大船，與之相匹配的錨自然也是普天下沒有過的大錨。大，有大的難處。

閒聊間，鄭和問及王景弘的家世，以及歷代不同船的特點。王景弘生在福建，對船並不陌生，他逐一回答了鄭和的提問。

鄭和淡淡地說：「你一心想下西洋，想的都是曾經見過的那些西洋船。殊不知西洋船都很小，想從小型的西洋船幻化出龐大的寶船，談何容易？如今聖上想打造前所未有的大明寶船，一味傚傚西洋船不行，憑空想像也不行，最好的辦法就是把歷朝歷代大船的優點都集中起來……」

王景弘頓時雙眸一亮。

「可否將福船『尖如刀』的外殼，與沙船『長、闊、平』的船身結合起來？」

王景弘聽後擊節稱讚，他原籍福建，對福船最為熟悉。福船是「福建船」的簡稱，是單龍骨的尖底船，上平如衡，下側如刀，最可貴的是在淺海和深海都能進退自如，適合海上航行。而沙船則是一種遇沙不易擱淺的大型平底帆船，始於唐代，盛行於宋元。

船型方頭方尾，俗稱「方艄」，甲板寬敞，型深小，乾舷低；採用大樑拱，使甲板能迅速排浪。沙船上多桅多帆，桅高帆高，加上吃水淺，阻力小，能在海上快速航行，適航性能極好，載重可達六千石，堪稱巨輪。

鄭和接著說：「漢代樓船高達十餘丈，可雄視四方。宋代車輪船船幫很高，便於隱蔽。西洋船靈巧輕便，進退自如。所有這些船的優點，都應考慮進去。既要擁有唐船體積龐大之長，又要克服其吃水太深，不利於進入河口的弱點。你可曾見識過阿拉伯一種大肚子船，仿造它也可增加船體的容量。」

王景弘有過多次海上航行的經驗，他說出自己的擔心：「寬肚船在航行中容易打橫，導致航向偏離。」

鄭和心下一動，立刻有了主意：「在船的兩邊加上浮板，是否能避免航向的偏移？」

王景弘提筆在手，筆走龍蛇般在紙上勾勒出一艘巨船。所有人都被驚得目瞪口呆：「長度四十四丈四尺，除去頭尾虛梢，自拋錨樑至壓舵樑共三十二丈餘。」

這哪裏是寶船，簡直是一條巨龍！

史無前例的艦隊

浩蕩的長江滾滾而來，將羅霄山的巨木送到了龍江船廠。面對著數丈長的巨木，鄭和感歎上天的恩賜。寶船船型寬大，無疑增加了前行的阻力，航速就會減慢。為此寶船便用十二帆和高大的桅杆來彌補。這些高大而眾多的桅杆，製造起來又是一個棘手的難題。鄭和為此又一頭扎進木作坊，每天與匠人們反覆試驗。

時令已經進入伏天，揚子江上的江風無法驅除人們身上的燥熱，江邊的柳樹和楊樹上的知了聒噪不停。鄭和與手下的工匠們苦惱於寶船的製造細節，加上難耐的炎熱，簡直是內外交困。然而，智慧的結晶往往誕生於艱苦的環境。鄭和與這些能工巧匠竟成功試驗出小材拼接成大材，短材拼接成長材，以二株拼接為一株的方法。甚至有的高大的桅木以五株木攢成，其外束以鐵箍。

鄭和在解決寶船製造難題以後，席不暇暖，趕忙騰出自己的精力，轉到人馬的招募上。鄭和委託統領過水師的朱真等人，精心佈置遠洋船隊的人員配備。眾人斟酌再三，詳細開出了一份名單，所有看到過名單的人無不為其規模之大而咋舌，計有：欽差正使太監七人，副使監丞十人，少監十人，內監五十三人，都指揮二人，指揮九十三人，千戶一百零四人，百戶四百零三人，戶部郎中一人，陰陽官一人，教喻一人，舍人二人，醫官、醫士一百八十人，此外還有通事、買辦、陰陽生、書手、官校、軍旗勇士、水手舵工共二萬七千八百餘人。

朱棣看到名單，當下便頷首應允。

朱棣心中非常滿意自己選中了鄭和。他雖然只頒佈了一道聖旨，然而經由鄭和事無鉅細的籌備，出使西洋的前景已經愈來愈清晰地呈現在這位心懷四海的皇帝面前。

朱棣心中滿意，面上卻不動聲色，他朗聲問：「此次率大明船隊出使西洋關係重大，朕問你一個問題，你想到過這麼大的船隊如何在海上航行嗎？」

鄭和呈上自己同王景弘、林貴和等航海能手多次研究的「飛燕掠海圖」。

朱棣接過來一看，二百多艘遠洋船排列組合成一隻巨型飛燕，由前哨和前營組成燕子的頭，左哨列、右哨列組成燕子的翅膀，戰船組成燕子的尾巴，帥船和中軍營組成燕子的脊樑，馬船、水船、糧船，則緊湊為燕子的身軀。首尾相銜，左右聯動，上下互相呼應，在海上形成一個動靜有致的整體，既可抗拒風浪，也可隨時出擊來犯之敵。

朱棣看罷欣喜不已，他命身邊的宦官將這個航海船隊巧妙排列組合的圖帶回宮中，他要把這偉大的航程昭示群臣：他要讓那些飽學鴻儒、那些冥頑不化的股肱之臣，看看他們口中的「刑餘小人」是何等才智超群。

朱棣當即命鄭和、王景弘同為出使西洋的正使太監。鄭和看中王景弘有豐富的造船和航海經驗，辦事也勤謹小心。王景弘佩服鄭和的傳奇人生，且文武雙全，胸懷寬廣，是個帥才。兩人靈犀相通，志氣相投，在後來近三十年裏數次下西洋的驚濤駭浪中，生死與共，榮辱相隨，成了刎頸至交。

朱棣敕令組建這個空前規模的船隊出使西洋諸國。因路途遙遠，海路不寧，要面向普天之下招賢納士。兵要精兵，將要強將，馬要良馬，還有種種隨船而行的能工巧匠、水手舵工、奇人異士，都要天下第一流。可是，見過海的人，以為海天相連之處定是萬丈深淵，從那兒掉下去，必然萬劫不復；沒有見過海的人，想像海上愁雲慘淡，日月昏蒙，陰風怒號，不知有多少可怕的妖魔鬼怪藏身其間。

民眾把大海看成蛟龍出沒、海怪橫行的地方，從而都將西洋之路視為將性命交付海龍王的畏途。

鄭和身為總兵元帥，自有見地和主張。他把招募的重點放到了福建、湖廣等沿海、沿湖的地方，那裏的人多同水親近。於時，王景弘被派回老家福建去挑選樂於在海上弄潮的勇士，洪保被派到湖廣地方招募水手和能工巧匠。買馬的重點放到漠北，從草原上買回的馬都及時送到太倉水邊訓練，使其見水不驚。陰陽官定了林貴和，由他選定和訓練海上觀星相測航向的陰陽生。醫官選了匡愚，由他選擇確保此行人馬無虞的醫師。經演武場演武，朱真、王衡、唐敬等人都憑自己的本事，分別取得了都指揮和指揮之職。他們彙集到了劉家港，在那裏召集士兵，開展水戰演練。

從福建長樂、泉州、漳州等地招募的大批水手舵工，被源源不斷地送到南京，在瀏河口稍事停留，很快就被配備到已經停泊在這裏的船上。

這一日，鄭和帶人親自查看招募來的水手，當他從頭到腳打量一個個身壯如牛的水手時，見他們個頭雖然不高，但渾身肌肉結實，手指粗大，兩隻大腳板上的腳趾頭叉得很開，一看就是慣於海上行船的硬漢。

鄭和有意試一試這些未來與自己同舟共濟的水手，開口便問：「你們說說，海上航行最要緊的是什麼？」

這些來自福建的水手異口同聲：虔誠敬奉媽祖！

鄭和很是感動。他堅信有虔誠信仰的人，必是十分可靠、值得信賴的人。

永樂三年（一四〇五年）的六月十五日，是朱棣欽定鄭和船隊起錨下西洋的黃道吉日。在臨近拔錨起航的日子，九重宮闕傳出旨意，朱棣要親自為下西洋的船隊送行。滿朝文武，全城的百姓，簇擁著聖駕來到瀏河口。

近三百艘大小船隻，簇擁著龐大巍峨的寶船，遮住了綿延數里的江面。桅檣如森林般茂密，雪白的船帆讓人懷疑是天上的白雲誤落江中，把江水都映成一片亮白。戰船上的將士盔甲鮮亮，馬船上群馬嘶鳴，坐船上的樓閣，連在一起好像一座方圓數里的城池。

所有的人睜大了眼睛，他們從未見過如此威武壯觀的寶船。寶船上有頭門、儀門、丹墀、滴水、官廳、穿堂、後堂、庫司、側屋，別有書房、公廨等類，都是雕樑畫棟，象鼻挑簷，不愧是水上帥府。眾人用眼睛測量這龐然大物，其寬其長足可以跑馬。抬頭觀望，船上那十二根桅杆，中間的主桅高聳入雲，都琢磨不透它是怎樣在甲板上立起來的。艄樓上觀星相測航向的高台，分上中下三層，安放著巨大的星位圖、牽星板和各種測量方位、距離的設備。舵杆的粗大，抵得過宮殿裏的樑柱。船帆的幅面，寬大到如同從天空中剪裁下來的一片片雲彩，讓人聯想到大詩人李白「直掛雲帆濟滄海」的詩句。

這便是帝國的艦隊，一支史無前例的艦隊。瀏河口萬人歡呼，朱棣心滿意足地凝視著自己的艦隊，凝視著寶船船首那個身形偉岸的統帥，他堅信這個人將把自己廣懷四海的心胸帶到世界各地，將帝國的強大與威武播揚到海外四方。

鄭和昂首挺胸，揮動手中的帥旗，江風吹拂著他的衣襟，獵獵作響。帝國初昇的朝陽，將無比絢爛的光華灑在寶船和整個船隊的桅帆上。

王者風範

真臘禮佛

七洲洋（今海南島東北的七洲列島）早過了。

碩大的寶船在暹羅灣（今泰國灣）海面上平穩地行駛著。南京此時已是隆冬，但是現在頭頂上的太陽依然散發著熾熱的光芒，曬得人總想找個陰涼地方躲避起來。整個船艙裏的空氣彷彿浸了油，變得滑膩而沉悶。當水手們睡得一身膩汗醒來，趕到甲板上吹海風時，又是一天開始了。

這是臘月的下旬，本來應該是一年中最忙碌的時候。過年應該是最重要的事情，然而對於鄭和來說，此次遠航遠比過年重要得多。

鄭和與王景弘也忍受不了這炙熱的天氣，一早便用清水沐浴，只著輕快的便服坐在交椅上商討事情。這已經是他們第三次出使西洋，幾次的同舟共濟，使兩人更加默契。

王景弘向鄭和談起了前朝周達觀的《真臘風土記》。

當年蒙古鐵騎滅掉南宋之後，一路向南，將今日的越南一舉攻破，隨後鐵騎入侵真臘（今柬埔寨），誰知道東南亞的瘴氣，讓草原民族難以抵擋，最終選擇了退去。元成宗孛兒只斤・鐵穆耳一改武力解決的傳統方式，派遣使者，說服真臘及其鄰近小國成為元廷的附屬。周達觀作為使節團成員抵達真臘國都吳哥，經過長達一年有餘的遊歷後，回國寫就了《真臘風土記》。

聽罷王景弘的述說，鄭和莞爾一笑：「你我出使西洋豈是周達觀可比！」

那還是永樂三年（一四〇五年）的夏天，就在南京的朝堂上。大明帝國的皇帝朱棣面對他的臣子們，朗聲問鄭和：「朕今命你領兵下西洋，你能掛這帥印嗎？」

鄭和洪亮的聲音迴盪在金殿上：「萬歲爺洪福齊天，鄭和不才，願立功海外，揚大明之威於四海，雖艱難險阻，定當萬死不辭！」

朱棣追問，可知此次去西洋的要旨。

鄭和答道：「此番前往西洋各國，當宣示今上德能，敦睦邦交，溝通貿易，使我大明追三代而軼漢唐。」

朱棣聽罷拍案稱讚：「彰顯我大明威儀，示強而不逞強，擁兵而不濫用，除怙惡不悛者給予痛擊外，餘者曉之以理，動之以情。溝通貿易務必遵循漢唐以來的朝貢貿易，厚往薄來，不可計較錙銖小利；聖人云『以德服人者王，以力服人者霸』，所到之處務必將我大明聖德昭告番王，讓西洋諸國懂得我大明泱泱大國是王者，不是霸者。」

王景弘與所有在場的人都被鄭和的講述帶回到幾年前的情景中。

鄭和一笑：「此次出使真臘一來是調解他們與占城新近發生的矛盾，二來才是此行的重點，參觀和研究吳哥佛城不同凡響的建築，為的是回京之後重建天禧寺。」

朱棣也許是一直覺得愧對父母，在他繼位之後，便不遺餘力地大興土木修廟建寺。

天禧寺是南京城中一座古剎，相傳東漢年間，一名自稱來自天竺的僧人，他喜歡建業（漢時稱南京為建業）的風景，願將阿育王舍利請到此處，特請東吳孫權在這裏建了這座阿育王塔。初建之時，便有「江南第一寺」之稱，到了宋代改稱天禧寺。朱棣想在天禧寺的基礎上，建造出天下第一大剎來。

鄭和得知朱棣準備重修天禧寺的消息後，腦子裏突然萌發出一個想法，想讓永樂六年（一四〇八年）毀於火海的「阿育王塔」涅槃重生，就必須建一座更加壯麗的佛塔取而代之：錫蘭大佛山和柯枝（今印度西海岸柯欽一帶）、古里（今印度西海岸的卡利卡特）那些金碧輝煌的佛寺，在占城、暹羅見到的佛塔，還有真臘吳哥城五座金塔組成的出水蓮花……把他們一一借鑑過來，同時輔以西洋各國的奇花異木，並建大殿，用來陳設西洋諸國貢獻的奇珍異寶，一來供養佛祖，二來將皇帝溝通萬邦的宏圖偉業，展現在南京城裏。

鄭和率領的大明船隊來到暹羅灣，在真臘靠了岸。雖然真臘港口有數十個，但幾乎全部為淺沙港，只有一個可以駛入大船的深海港，這便是今天的西哈努克港，也曾稱為磅遜港。

真臘國王得知消息，早早在那裏等候，領著鄭和與王景弘一行向都城吳哥進發。吳哥佛城位於今暹粒省洞里薩湖以北，距磅遜港千餘里，由吳哥寺和大吳哥通王城等大小六百座建築物組成。吳哥寺建於公元十二世紀前半期，吳哥王朝國王蘇耶跋摩二世，希望在平地興建一座規模宏偉的寺廟，作為王朝的國都和國寺。吳哥佛城的修建共歷時三十五年，動用了一千五百萬民工。

當國王參列婆匹牙帶領使團緩緩行至吳哥佛城時，雄偉壯觀的五座神塔赫然映入了鄭和的眼簾。

那五座神塔飄然欲飛，轉瞬又凝固住了。佛城前的一汪清池掩映著神塔，蓮苞般的剪影清晰地印在天幕之上。鄭和與使團所有人被眼前迷人的景象所震撼。

真臘原與暹羅、占城糾葛多年，從元朝時便戰亂不止。近年來占城國力漸強，又被大明天子重視，將占城立為「西洋第一站」。占城便覬覦周邊國家，連真臘這樣的「老朋友」也不放過。

真臘國王參列婆匹牙向大明使者備述占城國王欲將真臘淪為屬國的圖謀。鄭和聽罷，決定派一位副使太監去占城，從速解決出現在兩國間的糾紛。

鄭和誠懇地對真臘國王說：「兩國相交如同二人交往。與人為善，互惠才能互利。切不可一味仇視鄰國，所謂冤仇宜解不宜結。」

國王聽了忙說：「真臘國從來就不願意與他國為敵。今天有大明使者在此，諒占城國王再也不敢欺負我們了。」

鄭和嚴肅地告誡真臘國王：「大明就是大明，我朝絕對不因大國而稱霸天下。處事均需理字當先，方才國王所言差矣。」

鄭和的話著實將真臘國王嚇得不輕。他不知道自己說錯了什麼，引來天朝使者如此嚴厲的態度。

真臘國王起身答道：「天朝使者息怒。」

鄭和的神色也慢慢緩和下來：「殿下請坐，我的意思是，大明只做調解，不做後盾。通好天下是我大明天子之意，不可脅迫鄰國。此番遣副使太監前往占城，只為將真臘一方實情與占城通報，用真臘期盼和平的實際行動，換取兩國交好的結果。在大明朝，此意為不戰而屈人之兵！」

真臘國王聽罷大明使者的言辭，才真的明白大明並非當年的蒙古鐵騎，天朝使者帶來的豈止是一紙詔書，而是一種溝通天下的雄心壯志。

鄭和向國王表達了要瞻仰吳哥這座著名古城的來意。

吳哥是真臘的發祥地，這裏的古建築是他們的驕傲，國王與王后都願意將其展示給天朝使者。

吳哥古城約二十里寬，共有五座城門，在東邊多開了一座城門，這是真臘以東門為正門，蓋房子講究坐西朝東的緣故。城牆外邊的護城河寬達二十餘丈，有通衢大橋連接城門，每座石橋上都有五十四尊身形魁梧、面目猙獰的石神。橋的欄杆上雕刻了很多九頭石蛇，那些石神都緊緊握住蛇頭，乃是取妖魔鬼怪休想從這裏逃脫之意。每座城門上都有五個用巨石雕刻的佛頭，城門兩旁也是高大的石像，顯示出佛國的莊嚴。

國王和王后引領大明使者，跨過有兩隻金獅子守衛的一座金橋，來到城郭的中心位置。鄭和抬頭一看，一座高高的金塔聳立在他們的面前。圍繞這座金塔的是二十餘座石塔和百餘間石屋，有八尊巨大的金佛，屹立在石屋下邊。鄭和一行在這裏焚香禮佛，持禮甚恭，國王見了非常高興。

他們繞過金塔再往前走，又有一座銅塔，比金塔更高，直插雲霄。國王特地領著鄭和來到一個高處，很得意地說：「天朝使者從這裏看過去，有什麼新的發現嗎？」

鄭和放眼一看，原來那些金塔、銅塔、石塔和石屋組合得無比巧妙，整個建築就是一朵出水的蓮花。那些石屋是潔白的花瓣，高聳的塔群是散發芳香的花蕊。鄭和眼前豁然一亮，一直在他心裏孕育的那座天下第一塔，彷彿就聳立在那金塔與銅塔之間。

三寶壟的清真寺

鄭和船隊沿著占城和真臘海岸向西航行，經崑崙島後，轉身南下，直奔爪哇。時令已是盛夏，船隊愈往前走，愈接近赤道，天氣愈是異常炎熱。船艙裏如同蒸籠，悶熱難耐。走出艙外，頭頂烈日，腳下甲板曬得滾燙。好多人乾脆脫得赤條條，爭相躺在帆影遮出的陰涼裏。指揮使朱真看到軍容如此不整，甚是著急，揮動手中的籐條抽打水手已經被曬成小麥色的脊背。

鄭和也熱得渾身難受，推己及人，他對朱真擺擺手說：「反正在大洋之中，不會有人來注意我們的儀容，這天氣也委實太熱。」朱真見有了這話，自己也脫下了官服，光了膀子。

鄭和與王景弘在船艙裏，甘願忍受酷熱的煎熬，也不願脫掉便服。王景弘向鄭和呈上海圖介紹。元代民間航海家汪大淵所著《島夷志略》中說過，在爪哇島東邊靠岸的一個偏僻地方，元朝大將塔刺渾，曾經在那裏掘出一口淡水井，喝了井水能清熱解暑，沖洗身子不但可以帶來清涼，還能讓身體不生痱子。當時元軍在這裏一個多月的時間，杜板（今印尼爪哇島）久攻不下，將士們幾乎被這裏的炎熱拖垮，就是靠這口井的一汪清泉，才重整軍威，最終打了勝仗。

鄭和聽了王景弘的介紹，立刻想到當年曹操「望梅止渴」的故事，忙傳下號令，讓大夥加一把勁兒，趕到爪哇去洗泉水澡。這個消息如同一絲清涼，讓大明「驕燕」加快了在大洋中前進的速度。

爪哇國，古稱闍婆，包括杜板、新村、蘇魯馬益、滿者伯夷四個地方。爪哇原來是一國兩王，在東爪哇主事的稱東王，在西爪哇主事的稱西王。明洪武年間，東、西兩王都曾經遣使赴大明朝貢，都得到了明太祖的承認。朱棣即位以後，也曾經派遣使臣前來詔諭，東王孛令達哈和西王都馬板均進表朝賀，朱棣對兩王給予了豐厚的賞賜。

應當說，這裏同大明的關係都還不錯。

奇怪的是，鄭和率領大明船隊來到東爪哇杜板海面，岸邊卻冷冷清清，別說迎接大明使者的儀仗，連人影都難覓其蹤。鄭和正自懷疑，派出的快船載著通事回來報告，西王已經將東王滅了，這裏的局勢發生了翻天覆地的變化！

鄭和聞報先是一驚。兩王發生內訌還屬正常，然而對於獲利的一方，最重要的便是應將此事遞交國書，呈報大明天朝，以此取得天朝認可。然而西王擅自起兵滅掉東王實屬非法，此時卻又沒有任何動向，這葫蘆裏到底賣的是什麼藥？

有人提議，西王都馬板敢於擅自興兵，一定居心叵測，我們人生地不熟，還需謹慎行事，應該退回寶船保存實力；還有人竟提議乾脆集中兵力，殺往西王的駐地滿者伯夷，教訓一下膽大妄為的西王。

鄭和腦子裏也在緊張思量這突如其來的變故。

他對西王擅自殺掉東王的行為也甚為惱火，這其中無疑包含著對大明天子的蔑視。

但是，代表大明天子去討伐西王，勢必會生靈塗炭，雙方士兵很多就會成為這場戰爭的犧牲者，並且還會播下仇恨的種子。倘若從這裏轉身撤回去，那樣連現在西王的意向都鬧不明白，而且還有向這位西王示弱的嫌疑，回去也無法向聖上交代。

這時，他記起了臨行時朱棣的囑託：「諸蠻夷小國，彼不為中國患，絕不伐之。」鄭和當即做出決定，兵分兩路。一路由自己親自率領去滿者伯夷，人不在多卻在精；其餘的人留在海上，輪流登岸到杜板，廣泛接觸本地人，多瞭解情況。兩路人馬都需謹慎小心，以防不測。

指揮使朱真跟隨鄭和、王景弘去滿者伯夷，一路行來，通事蒲日和向大家講解當地的習俗：此地民風剽悍，兇猛異常。所有成年男子，隨身都帶著刀，一言不合，便會拔刀相鬥。此地居民尤其忌諱觸摸小孩的頭，倘若當父親的發現有人摸自己孩子的頭，必定追來，同人動刀子。此處法律規定也很奇特：殺了人只要能夠逃脫，三天以後便不再追究，因此他們有恃無恐，將殺人當成家常便飯，幾乎每天都有殺人事件發生。不過這裏有很多從中國福建和廣東等地來的人，在當地被稱為唐人，他們對來自自己出生之地的人很親近，也很熱情，遇到困難可以請他們幫忙。

使團乘小船進入河口。他們在這裏洗了淡水澡，驅除了身上的燥熱，換上官服，撐開既能顯示大明威嚴也能遮擋陽光的紫色華蓋，逆水而上，向西王居住的滿者伯夷進發。鄭和一行剛抵達河埠頭，西王都馬板已經在儀仗隊的簇擁下前來迎接大明使者。

都馬板見到鄭和與王景弘，立刻滾鞍下馬，持禮甚恭。從西王的表現來看，此人他並非魯莽之徒，他擅自殺了東王，其實心裏一直惴惴不安。大明使者在這個時候帶著兵馬前來，他心裏也在犯嘀咕，不知會對他做出怎樣的處置。

一路上，都馬板滔滔不絕地向使團介紹本地的風俗。原來在爪哇人分三等：一等是來自阿拉伯的富裕商人，他們的飲食起居都很講究；二等是唐人，是來自廣東、福建漳州和泉州的航海者和商人，他們也都加入了天方教，日用飲食非常潔淨；三等便是本地土人，他們飲食粗糲，蛇蟻蟲蚓，食啖無忌，而且稍稍有些不通王化，行為頗為粗暴。

鄭和此時還沒有料到，爪哇人的好勇鬥狠，已經直接波及到了大明船隊。與他一同出發的另一支隊伍剛來到杜板，便無端遭到當地土人屠殺，死了八十餘人，卻無法找到凶手。都指揮使王衡立刻趕來稟報。

不要說鄭和聽了這消息怒髮衝冠，就連站在一邊的西王都馬板都覺得眼前一片漆黑。雖然在周邊小國中，爪哇也算得上強盛之邦，都馬板自己也是心狠手辣之輩，平滅東王毫不手軟，但若要與大明王朝對抗，無異於以卵擊石，自取滅亡。都馬板當即伏身於地，嚇得說不出話來。

鄭和身邊兩名武士一個箭步衝上去，兩把明晃晃的利劍已經抵在了西王的肩頭。冷靜下來的鄭和，制止了手下人的魯莽行動，讓都馬板站起來說話。

都馬板戰戰兢兢地說：「皆因本地民風太過剽悍，也是本王管教不嚴，致使天朝將士慘遭荼毒。」

鄭和厲聲斥責：「好個管教不嚴！」

都馬板無可奈何地說：「那裏原來是東王孛令達哈管轄的地方，本王也是因為看不慣他放縱無故殺戮之事，才擅自興兵滅了他。」

鄭和稍稍平復了一下心情：「西王一定得拿出妥善的處置辦法，包括追查凶手，撫恤受害者家屬，尋找失蹤者，否則我們無法向大明皇帝交代。」

都馬板唯唯諾諾，答應一定查辦凶手，尋找失蹤者，賠償明軍的損失。

鄭和看著面前這位國王，又眼望著國王身邊的隨從，一個個面露懼色。然而他們腰間懸掛的短刀不時在鄭和心中懸著：此事即便索賠成功，對那些已故的軍士又有何益？對日後的爪哇國又有何益？

西洋之行不能因意外而受阻，鄭和命王景弘留下來與西王商談具體的處置辦法，以及如何提高當地人民的文明程度，以實現爪哇國長久穩定的局面。其餘的人即刻拔錨起航，不要誤了繼續西進的日期。

都馬板感激天朝使者通情達理，沒有在這個島國刀兵相見。他與王景弘的談判進行得十分順利，雙方很快就達成了協議。都馬板除了承諾查辦凶手，尋找失蹤人員外，還答應按照王景弘提出的條件賠償六萬兩黃金，彌補大明船隊所蒙受的損失。

當鄭和帶領船隊回到爪哇，在港口停泊時，撲面而來的，不見仇恨與殺戮，更多的是繁榮與祥和的景象。鄭和隨都馬板與王景弘一起去當地的清真寺祈禱。在清真寺內，人們舉行了一個特別的儀式，當地穆斯林為這位遠征歸來的總兵元帥三寶公禱告慶賀。

後來這座鄭和親自拜謁過的清真寺，改稱三寶公廟，並改建為三座中國式的殿宇。中殿供鄭和塑像，左殿供一大鐵錨，據稱是鄭和船隊遺物。

從此，這裏便有了一個新的名字：三寶壟！

相傳中國農曆六月三十日是鄭和在三寶壟登陸的日期，每年是日，該城的華僑必傾城而出，組織盛大的紀念活動。市民抬著三寶公聖像上街遊行祭拜，以示鄭和重遊故地，並伴以舞龍、舞獅、演戲等活動。參加者往往達數萬人之眾，那場面真是人山人海，鑼鼓喧天，鞭炮齊鳴，熱鬧非凡。

錫蘭佈施

永樂七年（一四〇九年）五月，鄭和使團距離第二次離開大明已有一年半的時間，在訪問了南洋一些國家後，從蘇門答剌（今印尼蘇門答臘島西北部）乘船順風出發，經過十二天的航行便到了錫蘭山國（今斯里蘭卡）。

鄭和將匡愚喚到自己的船上，將王景弘等人也請了過來，趁此機會談及了那種可怕的「遠洋病」。所謂「遠洋病」，實際就是現在人們所說的壞血病。鄭和曾聽那些出使西洋回來的官員說過，人在海上時間長了，難得吃到新鮮蔬菜，容易患那種在海途中要人性命的病。

鄭和問匡愚：「此病何藥可醫？」

匡愚是江蘇常熟人，出身名醫世家，從醫之後潛心研究醫道。鄭和擔憂的事情，他也一直在關注：「歷代醫家都講究藥食同源，以食為藥。孫思邈《千金方》倡導『食養』，華佗的麻沸散也是喝酒沉醉後的啟發所得，這些無一不是注重飲食對人體的調理……」

一直聽得入神的王景弘這時插話：「福建人在遠航的時候，都用陳皮煮水當茶喝，我曾吩咐下去，每艘船上都準備了足量的陳皮。」

匡愚連忙點頭說：「對，陳皮確實是治遠洋病的一種好食物，還有江浙一帶出海的人，喜食乾梅，我們的醫士也備了不少。」

鄭和聽了連聲稱讚：「你們想得周到，解除了我埋藏在心底的一個擔憂。」

匡愚接著補充：「此去西洋，鮮果瓜菜不少，讓大家多吃一些，可保無虞。」

王景弘讓鄭和放心，這些事他會督促下邊去辦的。

這時，帥船的甲板上忽然傳來一陣喧鬧，吸引了鄭和的注意。原來此時風順船快，水手們都聚在馬歡的身旁，在議論唐玄奘西天取經的事。這些水手都知道，當年唐玄奘取經的地方，名叫天竺，錫蘭山國就在天竺以南。他們高興地說：「西天取經也沒什麼了不起的，我們不也快要到達西天了嗎？」

馬歡笑著說：「唐玄奘走的是陸路，咱們的總兵元帥卻敢穿越汪洋大海。」

一個水手神祕地說：「當今聖上金口玉言親封總兵元帥：遇水而興，向海而強。西洋路上誰能比得了他。」

馬歡說：「總兵元帥肯定是天上的星宿下凡，若非天上星宿，哪能做這樣的大事情……」

鄭和咳嗽一聲，走了過去。

他對大家說：「快要靠岸了，趕快整理好衣服，做好登岸的準備。」

鄭和憑欄遠望，海面上波光粼粼，偶有一陣微風掠過，也會激起朵朵潔白的浪花。遼闊的大海真是魅力無窮，它寬容的氣魄，能夠接納世間所有的風風雨雨，能夠滌蕩一切企圖玷污它的污泥濁水。正如大明帝國的天子雄視寰宇，心繫天下，開拓海外，溝通萬邦，這樣的胸懷與大海無異。

馬歡輕輕地走到鄭和的身後，輕聲說：「總兵元帥，船快靠岸了。」

「馬通事，此次錫蘭出使雖不比玄奘西遊，也會彪炳史冊啊……」

鄭和首次、二次下西洋，可謂來去匆匆，頭尾相接。永樂五年（一四〇七年）首次下西洋剛結束，朱棣即刻命他在同年的冬天再下西洋，這番赴西洋主要有兩件事：一是要把那些願意前來訪問的諸多國家的使者接到南京來，好多國家當時還沒有遠洋航行的能力，有與中國交往之心，沒有與中國交往之力；另一件事是解決錫蘭現任國王敵視大明的問題。

朱棣深知錫蘭國王對大明因猜忌太深而產生敵視態度，然而，他賓服四方的決心絲毫不為所動，在那裏依然要宣示教化。臨行之前朱棣再三叮囑鄭和一行：「以德服人，不到萬不得已不要動用武力。」

鄭和也深深地體會到皇帝的意思，不能讓錫蘭成為大明對外交往的空白點，更不能讓錫蘭成為結下宿怨的敵人。

馬歡不無疑慮地問：「總兵元帥想用什麼辦法才能融洽與錫蘭的關係？」

「奉禮！」

鄭和出身於伊斯蘭家庭，但他和明初其他宦官一樣「最信因果」，也是一位好佛者。就在朱棣剛剛坐定天下的那一年，新天子為了紀念他在靖難之役中的功勳，為他賜姓鄭，此後，世上沒有了馬和，而有了鄭和，一躍成為宦官之首。

鄭和也努力救贖他在戰爭中的罪過，大量地刊印佛經，並修持菩薩戒皈依佛門，法名福善。

既然均為佛門弟子，那麼給佛祖奉禮的行為，一定不會被錫蘭人拒之門外，到錫蘭奉禮既表達了中國佛門弟子對佛祖的崇敬，也表示了中國對錫蘭的友好情誼。既然要做，就把事情做大，打造一塊向佛祖釋迦牟尼奉禮的碑刻，讓錫蘭世代都銘記中國人的這片美好心意。

馬歡突然被面前這位總兵元帥的宗教包容性所震撼。儘管伊斯蘭教有著「萬物非主，唯有真主」的嚴格教義，然而鄭和對於伊斯蘭教以外的其他宗教，不僅沒有排斥，反而表現出一種為不同宗教的共同發展而努力的氣魄和度量。

鄭和說：「世上所有的宗教皆為勸人向善，與人為善，是善舉，皆可為我所用。此番天朝帶來用中國、坦米爾（南亞民族建立的國家）和波斯三國文字鐫刻，由眾多高僧參與斟酌寫成的〈布施錫蘭山佛寺碑〉，碑文表達了大明對佛祖的虔誠，也表明了永遠與錫蘭交好的心願啊。」

就在此次出使前，南京的各大佛寺僧人聽說鄭和要去錫蘭山佛寺給佛祖奉禮，心情都很激動，大家主動四出募化，籌集了大量奉獻給佛祖陵寢寺廟的財物，無數金幣和銀幣、成匹的苧絲，尤其是供佛的香油就達三千斤，都託付鄭和直接敬奉到佛祖尊前，沒有寶船隊的承載，這是誰也不敢想像的事情。各寺廟的僧人都在為鄭和的錫蘭之行誦經，幾位住持高僧還親自到劉家港目送鄭和船隊駛向海天佛國。

錫蘭又稱僧伽羅國，佛家說，這裏是人間佛國，因而展現出了佛天一切最美好的東西。相傳釋迦牟尼就是在這裏頓悟成佛的。釋迦牟尼當年頓悟佛法的那棵菩提樹的枝幹，就留在錫蘭山。相傳佛祖來到錫蘭，看到這裏的人民生活在水深火熱之中，頓起慈悲之念，眼淚潸然而下，滴入土中，結成寶石。佛祖圓寂以後，有兩顆佛牙舍利也留在這個國家。

鄭和將船隊停泊在錫蘭山附近的海域，讓善於水戰的指揮使朱真留守，指揮船隊，以應不測。鄭和率領一支輕騎隊伍上島，特地樹起了為佛祖奉禮的旗幟，一路上向錫蘭人昭告大明船隊的來意。在他身後，一百多名士兵抬著那塊奉禮碑，還有負責運送奉獻給佛祖諸多禮物的士兵，也隨鄭和登上了岸，走在隊伍的中間。

一行人馬來到海邊的山腳下，前邊橫著一塊巨大而又堅硬的岩石，上邊有個凹進去、形如腳印的天然泉池。池子足有八尺長，池中儲著一汪清水，宛如明鏡。相傳當年釋迦牟尼從翠藍嶼一步跨越大海來到錫蘭山，右腳落地的時候，在這塊石頭上踏出了這個印跡。池水因為蘊含著佛祖的氣息，具有澡雪心靈、健康體魄的神奇功效。善男信女用手捧來洗面目，頓覺耳聰目明；捧來喝了，可以神清氣爽，祛病消災。更奇怪的是，那池中的水雖然很淺，卻從不枯竭，舀之不盡。

鄭和下了馬，同眾人一起，捧水洗臉，大家果然神情都為之一爽，一齊盛讚佛法無邊。

前來迎接鄭和的，是已經佔據錫蘭都城的新國王亞烈苦奈爾的兒子。鄭和為消除錫蘭人的疑惑，鄭重地對王子說：「我們既來禮佛，就踏著佛祖的腳印前進，直奔大佛山，這次都城就不去了。」

來到大佛山，錫蘭黎民百姓前來拜佛的人也很多。他們在跪拜的時候，兩手遠遠地伸向前面，兩條腿盡力後伸，整個身子都撲在地上，五體投地，虔誠得無以復加。

鄭和等人走進佛祖圓寂的佛寺，先下馬參拜佛祖寶像，瞻仰了佛祖留下的臥榻。臥榻上有佛祖臥像雕塑，栩栩如生。寢座由一色的沉香木做成，上面嵌了無數的寶石，無比華麗。佛堂裏安放著佛牙和舍利子，這裏處處都讓人感受到佛祖的存在。

鄭和原來總覺得遠在九天之上的佛祖是不可企及的，此刻突然感到了與佛的親近簡直觸手可及，心情激動非常。他命隨行的人員將奉獻給佛祖的大量金銀和貴重物品，一箱一箱抬進來。金銀的黃白在陽光照射下燦爛奪目，幾千斤香油香飄佛殿。

在立碑的時候，王子突然問道：「大明使者對所到的國家都大行賞賜，眾人有口皆碑，為何在錫蘭只給佛祖奉禮，卻沒有送給本國國王的禮物呢？」

鄭和答：「禮之於天，祭之以致福；禮之於人，是相互的敬重，所謂來而不往非禮也。」

王子聽罷低下了他原本高傲的頭，慚愧固然可以洗滌他原有的懈怠，正是鄭和對佛祖的正見，擊退了他的邪見。這次規模宏大的對錫蘭山佛寺的佈施活動，弘揚了佛教文化，使當地人及各國香客、商賈目睹了中國佛教徒的虔誠，同時，充分顯示了明王朝的經濟實力，提高了明王朝的政治威望，擴大了大明王朝在海外的影響。

瓷路漫漫

古里建碑

從廣東的番禺、徐聞，廣西的合浦等港口啟航向南行而轉西，便與印度洋沿海港口相遇。中國的茶葉、瓷器、絲綢即沿著這條海上瓷路行銷天下。

那一天天剛亮起來，在晨曦中，貝波爾港漸漸露出它的容顏。許多棕櫚葉屋頂的小棚子漸漸地展露在鄭和眼前，港灣處泊滿了阿拉伯人造的三角帆船，古里就在眼前了。

古里這個出現於公元十三世紀的古國，頻頻出現在中國古籍之中，宋時稱作南毗國，元時稱作古里佛，在鄭和的時代被稱作古里。它是現今印度的一個地方，在印度半島的西邊。

船隊從當時位於印度半島頂端的小葛蘭國出發，直衝北極星的方向，過了柯枝國，就是古里國。在明代以前，雙方尚無來往。朱元璋開國之初，曾經派大理寺少卿聞良輔來過這裏，打通了相互交往的管道。朱棣繼位以後，派中官尹慶來這裏宣詔，並進行賞賜。這個國家也隨即派人前來進貢，態度相當友好。

這次鄭和以正使太監的身份，代表大明皇帝來這裏敕賜誥命金銀印，古里國王沙米地非常高興，帶著管理國事的兩個頭領，很早就趕到海邊迎接天朝使臣。沙米地是虔誠的佛教徒，他見鄭和合掌行禮，也趕緊合掌答禮。

鄭和說：「這塊土地是佛陀發祥之地，能來這裏直接沐浴佛光，真是三生有幸。」

古里人以牛為尊，同時受到尊崇的還有大象。

這些龐然大物大搖大擺走在路中間，所有的人見了都得讓路，連國王也不敢怠慢。國王陪著鄭和一路向王宮走去，不時碰到迎面走來的牛與象，都恭敬讓路。鄭和入鄉隨俗，對牛和象表示出特有的尊敬。

他們來到王宮，只見整個王宮的地上和牆壁上都塗了一層新的牛糞，這便是古里隆重迎接貴賓的表示。沙米地重新沐浴，精心在額頭上、鼻樑上以及兩股之間塗上細細的白灰。那細白灰也是用牛糞燒出來的，這是古里人接待貴賓的最高禮節。

佛教的發源地確實非同一般，這裏連王宮也像佛殿，以銅為瓦，殿堂都塗成金色，地上鋪著地毯，十分富麗堂皇。鄭和在王宮裏捧出寶詔、敕諭，沙米地恭敬地接過來。接著，鄭和給國王授了金印，給王后授了銀印，還分別給國王、王后及其屬下大臣賜了冠服，這些古里人都面朝東方向大明天子謝恩。

沙米地在王宮裏大擺筵宴，為天朝使臣接風。酒至半酣，沙米地一拍掌，立即上來一群古里少女載歌載舞。她們以葫蘆笳為吹奏樂，以紅銅絲為弦樂，邊彈，邊唱，邊舞。一個個舞姿婀娜，嗓音優美。沙米地在席間高興地對鄭和說：「這樣的千古盛事，應當記錄下來，讓後人銘記。」

鄭和點頭稱讚：「從我們中國來這裏十萬餘里，兩國相處如此融洽，的確應當勒石記事，以誌永久。」

沙米地盛情邀請鄭和撰寫碑文，鄭和提筆在手記事非常簡明：「此去中國，十萬餘程。民物咸若，熙皞同情。永示萬世，地平天成。」

古里是西洋大國，也是東南西北貨物集散中心。西邊的忽魯謨斯（今伊朗荷姆茲海峽中的格代姆島）、木骨都束（今非洲東岸索馬利亞的摩加迪沙一帶），北邊的坎八葉城、莽葛奴兒（今印度西海岸港口城市芒格洛爾），東邊的爪哇、蘇門答剌，南邊的溜山國（十五世紀馬爾第夫群島古國）、小葛蘭、柯枝，四面八方的商人都匯集到這裏。

鄭和船隊來此的一個重要目的，就是打開遠洋貿易的局面。大明船隊和古里國在宮裏交換了貢品和賞賜物品以後，雙方還在海邊的集市上展開了大宗的買賣活動。國王沙米地陪著鄭和與王景弘來到古里市場。這裏四方輻輳，八面來風，商人中穿什麼服飾的都有，說什麼語言的都有，南音北語薈萃。往往是你說你的，他說他的，誰也不知道誰在說什麼。那些通曉多種語言的牙人便應運而生，專門在買者與賣者之間撮合生意，在這邊討價，去那邊還價，忙得不亦樂乎。

滿剌加建官倉

滿剌加，唐代稱哥羅富沙，現在翻譯寫作馬六甲。明朝初年，這裏還不是一個國家，因為不堪暹羅等國不時的侵擾，其酋領曾主動寫信給大明皇帝，請求成為中國的郡縣。朱棣很高興，卻又斷然拒絕了將滿剌加納入中國版圖的要求，封其酋領拜里米蘇剌為王，還封滿剌加的西山為鎮國之山，並鑿石記事，在碑文後邊還撰寫了一首詩：

西南巨海中國通，輸天灌地億載同。
洗日浴月光景融，雨崖露石草木濃。
金花寶鈿生青紅，有國於此民俗雍。

王好善義思朝宗，願比內郡依華風。
出入導從張蓋重，儀文裼襲禮虔恭。
大書貞石表爾忠，爾國西山永鎮封。
山君海伯翕扈從，皇考陟降在彼穹。
後天監視久彌隆，爾眾子孫萬福崇。

滿剌加國王拜里米蘇剌，得到大明的船隊要來此處的消息，早早就在岸邊恭迎。鄭和一行走下海船，讓國王帶他們去朝拜大明天子敕封的那座西山，拜謁御碑，以此表達對大明天子朱棣的忠誠，也表達對滿剌加的尊重。

他們來到西山，鄭和領著王景弘等人在御碑前行了禮，隨即跟著國王來到王宮，宣讀詔書。

國王用細白布纏頭，身上穿著細花布長衣，腳上裹著羊皮當鞋子。他也信奉伊斯蘭教，同鄭和一見如故。

大明使者與滿剌加國王，來到一條徑直匯入大海的河流旁。河流兩岸綠蔭遍地，樹木參天。一座風雨橋橫跨河上，橋上建造二十多間亭子，與兩岸一些用樹幹和茅草搭的涼亭相接，形成了獨特的街市。

鄭和站在橋頭極目眺望，海上不少過往船隻都在這裏靠岸，到河裏來取淡水。不少海客趁機登岸，來到風雨橋上，與滿剌加人進行以物易物的交易。風雨橋上人頭攢動，叫賣聲，討價還價聲，互相融匯在一起，形成了美妙的市聲。鄭和心裏若有所動，這裏獨特的風景讓他有了一個新的想法。

鄭和問拜里米蘇剌：「貴國以出產什麼為主？」

拜里米蘇剌掰著指頭算：「除打魚種地外，市廛交易，都以花錫為主。」

鄭和望著眼前繁忙的市井，不由自主地說：「這座風雨橋地勢太好了！」

國王拜里米蘇剌被鄭和這句話說得丈二金剛摸不著頭腦，不知道大明使者看到了什麼稀奇古怪的東西，如此褒揚這麼一個不起眼的地方。

鄭和看出國王的疑惑，笑著說：「這裏才真正是東洋西洋的通衢要道！國王請看。」

鄭和抬手指向海上的船隻，說：「我們沿途接受了不少貢品，藉由交換還獲得了各國不少的特產，現在全堆在船上，隨船隊長途跋涉，很容易受損。此地乃東西往來必經之地，不如在這裏找塊地方，暫時堆放。」

隨從而來的王景弘被鄭和這一番話語說得也是豁然開朗。如果在風雨橋邊租借一塊地方，建一個貨棧官倉，既可裝卸船隊的物資，還可以就地與來往的客商做生意。

國王拜里米蘇剌聽了這些話為之一振，隨即拍手稱讚，大明使者著實眼力非凡，滿剌加人日後的富裕，主要還不是這裏的物產，而是這裏處在海峽要衝的優越地勢。一個地方位置好，本身就是產生財富的源泉。

鄭和當即決定在滿剌加租借一塊風水寶地，建立大明船隊東、西物資集散的貨棧官倉。並著使王景弘留在此地，全權代辦此事。這位國王欣然贊同，還特地派了一位大臣協助大明使者，備辦建造貨棧所需的各種材料。

船隊即日起錨繼續前行，鄭和叮嚀王景弘，建立貨棧官倉，乃此次下西洋的重要成果，一定要悉心經營，其前途不可限量，待船隊返航之時，要看到比此繁華十倍的景象。來往滿剌加海峽的商船發現這座風雨橋畔平添了新的巍峨建築，來這裏的人也明顯增多。

王景弘的確是一名出色的正使太監。大明使者的船隊剛剛起錨離開滿剌加，他便全身心投入了貨棧的建設。很快他便率隨從墾殖建房，鼓勵這些來自廣州、漳州、泉州的水手、兵卒與當地女子通婚。

一天，滿剌加兩個年輕貌美的女子，駕著一艘獨木舟向大明貨棧兜售她們的黃速香。眼看那艘獨木舟就要靠上大明貨棧了，突然不知怎地，獨木舟猛地被大浪掀翻，兩名女子驚叫一聲，掉進了水中。

這時，忽地從水裏冒出一條碩大的鱷魚，張開血盆大口猛撲過來。兩個明軍士兵見狀，奮不顧身跳進水中去救人，其他的明軍士兵也趕緊舉起刀槍斬殺巨鱷，頓時在貨棧前展開了一場人鱷大戰。不到一刻工夫，貨棧前的河水被染成了紅色。

明軍士兵將兩個溼淋淋的滿剌加女子送上岸，被殺死的鱷魚也被拖上岸來，那兩個女子的父母千恩萬謝，連稱明軍是救命恩人。

王景弘與拜里米蘇剌也聞訊趕來，看到這條已經斷了氣的鱷魚，王景弘告訴國王：「此物在大明被稱為鼉龍，其皮乃至寶，可以做盔甲。」

拜里米蘇剌搖頭歎息道：「可是我們不會呀！」

王景弘笑著說：「這有何難，大明船隊有的是能工巧匠，讓他們傳授技術就是。」

從這天起，一些皮革匠人登岸為滿剌加人傳授製皮工藝。

大明船隊的貨棧終於建成了。四圍高高的木柵欄上，飄揚著五彩旗幟，居中堆放貨物的棧房，竟比當地的民居還漂亮，樓閣高聳，屋宇軒然，為風雨橋集市增添了一道景觀。

漸漸地，滿剌加人丁漸繁，成為東南亞海域著名的市鎮。

貨棧官倉的建成，為鄭和繼續出使西洋帶來了諸多便利。此後大明船隊由虎門出海後，行駛到滿剌加將貨物中轉，便一分為二。一支船隊可以向加異勒（今印度半島南端東岸）、阿拔巴丹（今印度西海岸南部的艾哈邁達巴德）行駛；另一支船隊可以向小葛蘭、柯枝、古里前進。

馬六甲海峽是印度洋與太平洋之間的重要通道，它連接起中國與印度世界上兩個文明古國，也是西亞到東亞的重要通道。無論在經濟上還是軍事上而言，它都是重要的國際水道，可與蘇伊士運河、巴拿馬運河相比。

進貢使團

鄭和離開浡泥國（今加里曼丹島北部地區的汶萊）以後，國王麻那惹加那乃便積極做著朝覲大明天子的準備。這個國王是個急性子，原本與鄭和相約在大明船隊回程時搭乘大明寶船拜見大明天子，卻還是缺乏耐心。永樂六年（一四〇八年）八月，也就是鄭和從柯枝、古里剛動身返航不久，他就獨自出發了。麻那惹加那乃這次去南京，有點像「走親戚」的意思，他帶上了王子、王妃、王弟、王妹，還有陪臣、侍從，總共一百五十多人，甚至連春夏秋冬四季的衣服也都帶齊了，打算要在那裏多住一些日子。一路上，國王向王妃以及身邊的人，敍說兩國之間千絲萬縷的親屬關係。

浡泥海船的體積比大明船隊的船要小得多，容量有限，他們動用了十多條船，在船頭立起旗幟，這陣勢雖然不能與大明船隊相提並論，也算是一支頗有聲勢的船隊。

大海茫茫，波濤洶湧，載著浡泥國王的船隻在波峰浪谷間艱難前行。麻那惹加那乃身體本來就比較羸弱，又有暈船的毛病，禁不住顛簸，還沒有多遠，就翻江倒海嘔吐起來。他的王妃見了十分心疼，勸其調轉船頭先回浡泥，等大明的船隊返回，乘坐他們的寶船。麻那惹加那乃卻說：「開弓沒有回頭箭，我的心早就飛到大明去了。」

坐在南京的朱棣很快得知浡泥國王要前來朝見，他久久注視閻立本的《王會圖》，抑制不住內心的喜悅。

唐太宗的時候曾經有番國國王來朝覲見，此後的幾個朝代，幾乎再也看不到番國國王的影子。就這一點而言，他覺得自己已經稱得上功追漢唐了。

朱棣回顧本朝這幾十年，自先帝海禁以後，外國使者來朝日漸稀少，彼此之間隔閡也日益增多，一些番國還開始同大明發生齟齬，有的甚至已經忘卻了東方還有一個世界最強大的國家。他這幾年致力於溝通海外，海路剛通，就有番國國王前來訪問，這無疑是一個很好的徵兆。他命禮部官員前往福州迎接，並詔諭沿途府州郡縣，浡泥國王所到之處均需隆重接待。

麻那惹加那乃一行在福建泉州上岸，朝廷欽差和泉州的官員都前來迎接。浡泥國王這才知道，海路有顛簸之苦，陸路有鞍馬之勞，還有應對沿途各府縣招待應酬之累，比坐船一點也不輕鬆。浡泥國王好不容易來到南京，大明皇帝給予的接待更加隆重，當天就賜宴奉天門，滿朝文武百官都來作陪。

火樹銀花，金樽美酒，冠蓋如雲……盛大的場面讓麻那惹加那乃一度眩暈。朱棣這天專門穿上了接待番王的皮弁服，讓番王行了朝見天子的禮節。浡泥國王給大明皇帝獻上金葉表文，讚頌天朝盛德以及大明天子對浡泥國的關懷，進而感念大明船隊帶去的豐厚賞賜。然後，很恭敬地奉上貢品：龍腦、片腦、鶴頂、玳瑁、龜筒、犀角、金銀八寶器物。浡泥王妃對皇后、諸嬪妃也進奉了表達自己心意的禮品。

朱棣賞賜國王儀仗、交椅、金水罐、金水盆、銷金鞍馬、金織、文綺、紗羅、綾錦、傘、扇等物，其餘人等也都各有賞賜。

國王躬身感謝皇帝，虔誠地說：「浡泥雖為小國，然而山川所蘊珍寶還算豐富，舉國上下衣豐食足，這一切都是天朝盛德澤被綿長的結果。」

朱棣高興地說：「朕自登基以來，努力溝通四方，敦信修睦，願與天下萬國共享太平之福，拳拳之心，日月可表。」

兩人談話的融洽與氣氛的和諧，正如所有人的預料。朱棣欣然安頓麻那惹加那乃一家和隨行人員在驛館中住下。朱棣喜悅的心情溢於言表，他甚至每天都要親自過問麻那惹加那乃一行的食譜，囑咐司禮少監蘇天寶一定要讓國王感到如同生活在家裏一樣舒適、自在。

蘇天寶專門負責番國貢使接待事宜，對聖意可謂心領神會。可是人總是不能與天命抗衡，身體羸弱的浡泥國王，旅途的勞頓還沒有消除，又犯上了水土不服的毛病。此事驚動了朱棣，他派來醫術高明的御醫，派人送來宮中最上等的藥材，真可謂關懷備至。

浡泥國王沉痾難醫，大限之期即將到來，他緊緊拉著王妃的手：「我病倒在天朝上國，得到大明天子無比的關愛，仍然難以逃脫死神的魔掌，看來只能認命。我們浡泥國地處偏遠，是個很小的國家，今日有幸能夠一睹大明天子的風采，見識大國的風土人情，雖死也無憾了。」

王妃聽著這些話，哭成了一個淚人。國王還是握住她的手：「我此生唯一的遺憾，就是受了大明天子的深恩，如今已經無法回報。在我死後，我真的希望自己能夠長眠於這片熱土上，不再作孤懸海外的遊魂。」

王妃抹著眼淚使勁點頭答應，國王這才放下心來。他最後囑咐王子：「你要永遠不忘大明天子的恩惠，像本王一樣堅持與大明修好。如此，我也就能瞑目九泉了。」

這位國王此時年僅二十八歲，可謂英年早逝。

秋風蕭瑟，秋雨綿綿。從天而降的紛紛雨絲，似乎是為浡泥國王去世灑下的無限悲戚的淚水。蘇天寶將麻那惹加那乃去世的消息報告給朱棣，叱吒風雲的天子頓時掉下了悲傷的眼淚。

浡泥王妃和王子來到皇宮，陳述了麻那惹加那乃臨終時表達出來的長眠中土的願望。朱棣滿口應允，當即決定賜葬南京安德門外的石子岡，並為麻那惹加那乃御賜了「恭順」的謚號。他要蘇天寶傳旨，朝廷輟朝三日，舉國哀悼。

朱棣在骨子裏原是個極重感情的人。石子岡橫臥揚子江畔，麻那惹加那乃魂歸此處，應當說是個很理想的地方。滔滔江水將養育他的浡泥國與他最終歸宿的天朝上國緊緊相連。朱棣命禮部大臣去墓前祭奠，並命翰林學士胡廣為浡泥國王墓撰寫碑文。胡廣洋洋灑灑寫就一篇碑文，首先表達了大明天子向世界開放、和順萬邦的政治理想，同時在碑文裏盛讚浡泥國王對中土的深情厚誼，並將這位長眠於此的番王期盼兩國永遠交好的遺願，淋漓盡致地表達出來。

浡泥國的王子遐旺要回國繼承王位去了，王后領著年幼的國王及陪臣到宮裏辭行。朱棣問他們還有什麼需要幫助的。

那位機靈的年輕國王說：「先王新逝，舉國哀戚，百業待興，望天子斡旋爪哇，暫免敝國每歲交納四十斤片腦的貢禮。」

王后也提出了一個請求：「國王新逝，恐鄰國心生覬覦，乘機來犯，望天朝派官兵護送，並留鎮一年，以安其國。」

朱棣一切從請，還贈送玉帶一條、黃金百兩、白銀三千兩以及其他禮物，以示慰問。

王后灑淚告別，神情慼然，戀戀不捨之情，溢於言表。

繼浡泥國王之後，在明成祖執政的二十多年裏，來朝見大明天子的番王，先後達十一位之多。其中，蘇祿國（今菲律賓蘇祿群島）東王巴都葛叭答剌也在中土一病不起，他感念明成祖待之以誠，臨終前也表示願意埋葬於本地。朱棣命厚葬於他去世的德州，對請求留下守墓的王妃與王子也給予了特殊的關照。還有古麻剌朗，那是個臨近蘇祿的小國，其國王斡剌義亦奔敦前來朝覲，朱棣並不蔑視弱小，同樣平等相待，優禮備至。他深受感動，回國途中，不幸病逝在福建，也留下遺言，願意安葬於此。朱棣同樣從其所請，將其厚葬在福州的鳳凰山。

朱棣一朝，竟有三位異國國王魂留中華大地，給後人留下了一段傳奇故事。

陌生的遠帆

生擒陳祖義

公元十三世紀後半期，元滅南宋。南宋遺民一路南逃，當面對浩瀚的南海時，他們棄車登舟，踏上了尋找新家園的征程。他們當中有人以捕魚為生，有人繼續以桑農為本，也有為數不少的人幹上了海上劫掠的生意。

永樂三年（一四〇五年），行人（官名）譚勝受和千戶楊信從蘇門答剌南端的舊港，帶回來當地人稱之為「頭目」的梁道明。次年，與梁道明齊名的陳祖義派自己的兒子陳士良，帶著朝貢趕往南京覲見大明天子。

朱棣收下了陳祖義的朝貢和他的兒子。但朱棣對這些朝貢毫無興致，他感興趣的是如何加強大明帝國對海外貿易的控制。他深知父皇所謂的「海禁」並非閉關鎖國，乃是一種國家壟斷與外國貿易的政策。

然而，現在的陳祖義觸及的已經不是民船、民利，他已經觸及了朱棣的利益。

大明船隊從劉家港出發下西洋，已經整整兩年的時間了。一旦調頭東向，久別家園的水手、船工無不歸心似箭。回程中的鄭和接到一道密旨，命他伺機抓捕舊港頭目陳祖義。船隊進入貫通西洋與東洋的滿剌加海峽後，直奔舊港。

舊港史籍稱三佛齊，過去一直進貢稱臣，表示歸順。居民大都同中土有著千絲萬縷的聯繫。然而，天各一方，鞭長莫及，爪哇曾一度吞併三佛齊，使之成為其屬國。當地人又不滿爪哇人的蠻橫，反抗不斷，內亂不止。陳祖義意欲趁火打劫，伺機稱霸舊港。真是「說曹操，曹操到」。大明船隊尚未抵達舊港，陳祖義竟駕船前來要求拜見總兵元帥。

都指揮朱真作為鄭和身邊的軍事助手，聽到此事心下為之一震。

來得好快，莫非走漏了風聲？

鄭和搖頭，知道聖諭的只有寥寥幾人。怕是他做賊心虛，前來探聽虛實。

當陳祖義跪在鄭和面前的時候，鄭和看到的是一個持禮甚恭的潮州男子。雖然在南洋謀生數載，但他還是有著令人熟悉的面孔和口音。鄭和命他坐下回話。

陳祖義顯示出來的豈止是持禮甚恭，甚至有些懦弱，自稱小人以待罪之身流落海外，內心惶惶，今日天朝總兵元帥駕臨，請體諒在下的苦心，給鄙人贖罪自新的機會。

鄭和雙目微合，並沒有接陳祖義的話題，而是歷數他多次搶劫往來大明的貢使、濫殺無辜的事實。

陳祖義聽了這話，再次伏身於艙板：「昔日先帝在世時，朝廷奸臣勾結海外不法番王為亂海外，小人的確做了一些不法之事，現在想來追悔莫及。」

鄭和知道，陳祖義口中的奸臣，指的就是被先帝斬了的胡惟庸。的確，當時他曾權傾朝野，勾結海外番人，危害過帝國對外交往。此後洪武帝實行海禁，斷絕海上貿易，舊港一蹶不振，盜賊蜂起，也是事實。

鄭和點頭說：「而今奸臣已經伏法，當今天子聖明德昭天下，你可情願獻出舊港，將功折罪，從此做個順民，死後能夠回歸祖瑩，葉落歸根，不辱先祖？」

陳祖義把戲演得有點過了，他以頭搗地的行動來回應鄭和的問話，顯然並非發自內心，最後的一句話，暴露了他的真實用心：「恭迎總兵元帥即刻率船隊去接收舊港！」

鄭和笑了。陳祖義的確小看了眼前這位正使太監。

當年進入燕王府的鄭和，很快就以他的聰慧得到了燕王朱棣的賞識。朱棣負責帝國北方的安全，他嚴密監視著蒙古高原的風吹草動，統率兵將出塞巡邊。鄭和作為朱棣的軍事幕僚，以他極強的天賦和過人的才識，在多次擊退蒙古軍的戰役中，出色地輔佐了燕王朱棣。在朱棣「靖難之役」起事的當晚，鄭和幹得的確漂亮。他帶領手下的禁軍很快打敗了前來助陣的軍士，控制了整個北京城，然後集結已經準備好的軍隊，等待著燕王的號令。鄭和面對建文帝派來包圍北京的幾十萬大軍，並沒有害怕，他堅信聽命於自己的騎兵敢死隊雖僅有數萬之眾卻個個能拚死效力，他也堅信自己輔佐的燕王將是這個帝國的主宰。

鄭和當即欣然答應了陳祖義的請求：「就按你的意思辦，正好我們的船也需要去舊港補充淡水。」

這個結果讓陳祖義非常滿意，他立刻起身告辭。

夜幕降臨，海上一片闃寂。大明船隊靜靜地停泊在離舊港不遠的海面上，所有的船上都升起了燈籠，按照寶船、坐船、戰船、馬船、糧船、水船，分出不同的顏色，將大海的一隅點綴得五彩繽紛。

陳祖義走後不久，另一個人的到來讓鄭和與他周圍的人，證實了鄭和的判斷。

這個人叫施進卿，福建漳州人，原是往來西洋的商人，不幸被陳祖義劫奪了船隻，留下一條性命，被迫入夥當了海盜，雖然被陳祖義封為副將，但他始終不能忍受陳祖義的凶狠殘忍，以及強盜的身份。此刻，他渾身溼透，站在眾人面前，他給鄭和帶來了一個重要的訊息。

施進卿胸有成竹地接過王景弘遞過的紙筆，一邊畫圖一邊介紹，陳祖義如何設下伏兵，封鎖住河口；如何藉設宴招待之機，舉杯為號，兵戎相見；如何安排上下游兩頭夾擊，將明軍引入內河一網打盡。

這場精心安排的鴻門宴被施進卿介紹得一清二楚。

鄭和厲聲問：「施進卿，你意欲何為？」

「一為報仇，二來想借助大明天朝的力量，成為舊港的主人。」施進卿坦誠的回答，反而讓鄭和放下了疑慮。

是日，西南風刮得很猛，海上掀起了不小的浪濤。陳祖義暗自高興，他一大早就派出親信，檢查各路人馬的準備情況。閒暇之餘，他幻想著大明船隊不計其數的珍寶奇物。

當鄭和與王景弘帶了數百名護衛如約而至的時候，陳祖義把所有的得意都寫在了臉上。

「總兵元帥是先辦理公事，還是先開宴席？」

鄭和樂呵呵地說：「客隨主便，悉聽尊意。」

陳祖義又是一喜，既然如此，那就按既定方針辦吧！

陳祖義和其他幾名頭目輪流把盞，一個勁兒舉杯勸酒，鄭和等人竟然來者不拒，對方舉杯一飲而盡，他們也舉杯一飲而盡。陳祖義喜不自禁，踉踉蹌蹌站起身，親自來向總兵元帥大人敬酒。

當他將酒杯往頭頂上舉的時候。一把冰冷的寶劍架在了他的脖子上，隨即聽得一聲大喝：「誰敢動，我就宰了他。」

剎那間，其他幾個頭目也束手就擒，冷冰冰的短劍逼住了他們的咽喉。

陳祖義此時並沒有驚慌，他知道外邊都是他的人，諒鄭和等人插翅難逃。他左顧右盼，伺機脫身。沒想到指揮使朱真先下手為強，將守在河埠頭的海匪殺了個措手不及，此時他正領著一哨人馬前來接應。

陳祖義實在沒有想到自己的手下，在訓練有素的明軍精銳面前，竟然如此不堪一擊。他被押到內河河口的時候，忽見前面火光沖天，大火映紅了遠處的海面。本來已經心如死灰的陳祖義，頓時狂笑起來：「鄭和，你的船隊已經毀了，我的人馬殺過來了。」

眾人沒有理睬這個瘋子一般的人，繼續前行。他們登上快船，在返回大明船隊的途中，與前來會合的施進卿碰了一個對面。這時，陳祖義才知道，映紅了遠處海面的大火，吞噬的原來是自己的家當。

指揮使朱真向鄭和匯報戰績：殺海盜五千餘人，燒燬敵船十艘，繳獲七艘。聽著戰報鄭和頻頻點頭，陳祖義低頭不語，面如死灰。

「去南京見見你的兒子吧！」鄭和只丟給了陳祖義這麼一句話，便轉身向前來覆命的施進卿說：「爾暫且代行舊港職事，待我回朝奏明聖上，再行敕封。」

施進卿感謝總兵元帥對他的信任。

映紅海面的熊熊烈火彷彿在為大明船隊送行。

打敗亞烈苦奈爾

錫蘭山國，對於鄭和來講，已經不是第一次來了。

永樂四年（一四〇六年），鄭和第一次抵達這裏的時候，國王亞烈苦奈爾相當的傲慢不敬。

朱棣多次提出，要讓西洋番國心悅誠服歸順大明，「以德服人者王，以力服人者霸」，所到之處，要盡力宣示大明天子聖德。

永樂九年（一四一一年），鄭和率領船隊第三次出使西洋，在返回途中，又駛近了錫蘭山國。鄭和站在甲板上眺望著遠處雲霧中的大佛山，在那裏他曾經禮佛佈施，而今故地重遊讓他有些心動：到底要不要上岸呢？

王景弘似乎看出了鄭和的心事：「可是為去留之事發愁？」鄭和與自己的這個老搭檔從來不會隱瞞，點頭默認。

王景弘卻不再提及此事，轉而問道：「總兵元帥可熟讀《左傳》？」

鄭和頓時心領神會，指著錫蘭山國大佛山的方向命令：「進港！」扯滿風帆的船隊向錫蘭山進發，錫蘭山國王亞烈苦奈爾很快得到了消息，命令自己的兒子納顏前去迎接。

王子納顏獨自一個人回到王宮報告說，大明的船隊剛剛出使了古里，這次返回大明，一路上他們帶了滿船的財寶。

亞烈苦奈爾不耐煩地說：「那你怎麼不動手，讓他們輕易溜走了？」

納顏低聲給亞烈苦奈爾出了個主意。

亞烈苦奈爾聽了，竟轉怒為笑，這次他要親自帶兵去迎接大明使者。

亞烈苦奈爾是個貪婪的人。他原來是錫蘭山的一個地方頭目，在坦米爾人大規模入侵錫蘭山的時候，他率領的地方武裝奮起抵抗，成功擊敗了入侵者，也逐漸擴充了自己的勢力。此後他自立為王，並有了獨霸整個錫蘭山的野心。亞烈苦奈爾對所有的外國人都心存猜忌，充滿敵意。鄭和的龐大船隊幾次從這裏擦肩而過，有一次還專程登島禮佛，更免不了受到他的猜疑。不過，刺激他的胃口，膨脹了他的野心的是大明船隊堆積如山的寶物。

鄭和船隊停靠在錫蘭山海面已經是第五天了，當鄭和對自己的判斷產生懷疑時，第六天的早上，前邊的哨船發出信號，碼頭上已經看到國王歡迎的儀仗了。

亞烈苦奈爾見到鄭和，從象背上下來，躬身施禮：「大明使者前次來錫蘭山禮佛，本王不幸因病魔纏身，沒能夠前來迎接，真是太失禮了。」

鄭和大度地說：「既然身體欠安，就談不上失禮，國王現在是否大安了？」

亞烈苦奈爾稱自己是托天朝使者的洪福，鄭和的到來，讓他的病立即痊癒了。

亞烈苦奈爾一路上殷勤地為鄭和指點遠山近水，講述錫蘭山的種種風土人情。

錫蘭山有種很漂亮的孔雀，習性如人，被譽為鳥王。所有的孔雀找到了果子，或者捉到了蟲蟻，先要送給鳥王吃。鳥王有了危難，所有的孔雀都會飛來相救。錫蘭山人為了逮住孔雀，便把鳥王關進籠子裏，掛在一棵塗滿膠脂的樹上。孔雀聽到鳥王的鳴叫，便從四面八方飛過來落在那棵樹上，結果一一被膠脂粘住。

鄭和笑著說：「國王不會把我們也都當成錫蘭山的孔雀了吧？」

亞烈苦奈爾仰天大笑，告訴天朝使者不必多慮：「我還特地準備了一對蓋世無雙的孔雀，請你們帶到南京，呈獻給大明天子。」

一路無話，很快到了錫蘭都城。鄭和向亞烈苦奈爾宣讀大明皇帝的詔書。

鄭和命人將大明皇帝的賞賜抬進來。亞烈苦奈爾看了看，剛才的謙恭一掃而光，不屑一顧地說：「就這些禮物？」

鄭和義正辭嚴：「中國乃德化之邦，講的是禮尚往來，錫蘭山國完全可以同中國溝通貿易，互通有無，彼此都有利可圖……」

亞烈苦奈爾不等鄭和把話說完，大喝一聲：「算了吧，你們已經是甕中之鱉，還不束手就擒！」

鄭和早已料到亞烈苦奈爾有所圖謀，但是沒想到的是，他居然如此的喪心病狂。雙方在王宮裏展開了激烈的戰鬥。鄭和身旁的武官帶著兩千士兵及時衝了進來，保護著鄭和從王宮裏退出來。

鄭和命人沿原路返回，請海上船隊的大隊人馬趕來救援，收拾這個可惡的國王。很快，鄭和的人馬退至第一個隘口，他們發現出口已經被堵得死死的，寸步都不能前進。大明的人馬停住了腳步，望著那些滾木檑石，不知該怎麼辦。

這時有人來告訴鄭和：「剛才探馬來報，敵人已經傾巢出動，前去搶奪我們海上的船隊了。」

鄭和立即意識到，這個狠毒的亞烈苦奈爾，想先困住使團兵力，然後去奪取大明寶船上的財物！

所有人都陷入了恐慌。這的確很被動，一旦亞烈苦奈爾到達大明的船隊，他可以使用更加卑鄙下流的手段奪取那些財物。

這場景讓鄭和不禁想起「靖難之役」中的生死搏殺。

既然亞烈苦奈爾詭計多端，那就以其人之道，還治其人之身吧！

鄭和鎮定自若地對所有人說：「亞烈苦奈爾嗜血貪財，定是帶領全城的人馬去搶奪我大明船隊，這個時候最空虛的就是他的王宮。他以為我們遠道而來，人生地不熟，沒有幾分勝算。我們就乾脆殺他個回馬槍，直搗王宮，同那個亞烈苦奈爾拚個魚死網破！」

亞烈苦奈爾派王子納顏率領所有的兵力趕往海邊，自己則坐在王宮裏做著發財的美夢：明軍的最高統帥困在山谷，海上船隊群龍無首，必然禁不住王子數萬之眾的攻擊，要不了多久，那個鄭和就得乖乖地轉身回來投降。

果然，人馬都回來了。

只不過，是鄭和率領著使團的兩千餘人回來了。

亞烈苦奈爾正得意地對身邊的大臣吹噓這個捉孔雀的辦法，他端好架子準備接受鄭和投降。

然而，亞烈苦奈爾等來的卻是大明使團明晃晃的利刃。他實在想不出鄭和為什麼撇下整個船隊的財物，返回來殺進王宮。

當亞烈苦奈爾成為大明使團的俘虜時，海上也展開了激烈的戰鬥。王子納顏帶著數萬之眾，駕著船隻，朝向大明船隊殺奔而來，他把那些在海裏捕魚的獨木舟都弄來了。烏合之眾只能有一個可悲的結果。大明船隊尖刺帶倒鉤的鐵蒺藜，很快讓所有錫蘭人領教了大明軍隊的威力，他們被殺得四散奔逃。

王子在海上並沒有佔到便宜，立即帶領人馬撤回王宮。然而，這時的王宮已然不是他可以出入的地盤了。

明軍已經佔領了王城，父親和自己的家人已經成了大明軍隊的階下囚，再戰無異於自殺。

亞烈苦奈爾一臉茫然，他到此時還鬧不清楚自己為何會落得如此下場。他想把明軍變成自己手中的「孔雀」，自己反倒成了明軍手中的「鬥敗鵪鶉」。

此時鄭和才向屬下講述了《左傳》中「鄭伯克段於鄢」的故事，亞烈苦奈爾這才正是「多行不義必自斃」。

戰爭是令人厭惡的，有戰爭就會有死難者。大明「驕燕」重整雄風，乘著徐徐吹來的西南季風向東駛去。

平定蘇門答刺內亂

經過鄭和三次出使西洋之後，鄰近諸國紛紛派人來朝，他們帶來的不僅僅有朝貢的貢品，還有求救信。還在南京的時候，朱棣就交代鄭和，蘇門答刺的王后託人帶信來，那裏正在發生內亂，返航途中使團正好順道去那裏排紛解難。

蘇門答刺發生的是一場關於王位的紛爭，雙方都期望大明天子派人主持公道。鄭和臨行前特地問過朱棣如何處理，最後等來的只有皇帝的一句話：「相機行事。」

此刻，在帥旗飄動的寶船上，鄭和正與王景弘等人商量，到了蘇門答剌，應當採取怎樣的對策，支持誰繼承王位。

然而，此次蘇門答剌發生的事情，同以往國與國之間的糾紛大有不同。兩國之間的糾葛，作為大明使者可以出面調停。而對於人家國內發生的糾紛，如果橫加干涉，實在師出無名。

說起蘇門答剌內亂，起因還要追溯到十多年以前，在蘇門答剌北部有一個被稱為花面國的古國，因其國民有在臉上刺花的風俗，故而得名。花面國人生存資源匱乏，只得做些打家劫舍的事，以維持生計。

那一年，花面王那孤兒偷入蘇門答剌，蘇門答剌年輕的國王宰奴里阿比丁聞訊趕來，要懲罰這些花面賊。花面人做賊心虛，兩軍剛一相接，便倉皇逃向海邊。年輕的國王宰奴里阿比丁忘了窮寇莫追的道理，想全殲這夥花面賊，來個一勞永逸。

不想，卻中了花面王那孤兒設在海邊的埋伏，年輕的國王宰奴里阿比丁回到宮裏才發現，身上中了毒箭，不久箭毒發作，扔下年輕的王后與襁褓中的王子，撒手歸西。

花面王那孤兒，得知年輕的國王宰奴里阿比丁死了，由此很受鼓舞，野心很快就膨脹起來，由劫財發展為劫國，要把整個蘇門答剌都變成他們的錢袋和糧袋，大舉興兵殺向蘇門答剌王宮。

此時，蘇門答剌的王后雖然年輕，但很有主見。王子年幼，無人禦敵，王后便向全國傳諭：「有能幫我報殺夫之仇，又能保全國家的，我願意做他的妻子，和他一起共主國事。」王后的美貌舉國皆知，又以國王的王冠當嫁妝，更令人躍躍欲試。

是日，本地的一個漁夫來見王后，聲稱自己有辦法打退花面國的進攻，保住蘇門答剌，不知王后是否能夠兌現諾言？

「誰能打敗入侵本國的花面賊，替死去的國王報仇，我就是誰的妻子，這個國家也就是他的。」

王后把自己的話，向漁夫再次陳述。

漁夫得到了王后的親口承諾，也不用原來國王的人馬，回到自己的老家招募了一批漁民和鄉勇，出其不意將花面人殺了個措手不及。不可一世的花面王那孤兒也被漁夫手刃。花面人原本就是散兵游勇，只是乘人之危贏了一場，如果見好就收，也還能保住性命，現在落得個身首異處，剩下的人扔下死傷的同伴，坐上船逃之夭夭了。

當漁夫帶領自己的隊伍趕回王宮的時候，年輕的王后真的沒有食言，決心再當一次新娘，將自己收拾打扮停當，在王宮中等待新國王的凱旋。

在王后的協助下，漁夫國王將蘇門答刺治理得井井有條。王后也沒有忘記，讓這位漁夫國王派出貢使出使大明，大明皇帝也給這位漁夫出身的新國王加了封，認可了其王位的合法性。從此，他們夫唱婦隨，共同掌國，國人尊稱漁夫為「老王」。

可是前不久，老王猝然辭世，王后還沒有從哀戚中擺脫出來，繼承王位的矛盾就擺到了她的面前，而且日趨激烈起來。

老王有嫡子名叫蘇干剌。他認為自己的父親是當朝國王，這王位理所當然是他的。

他向國人說：「子承父業，合情合理，我乃蘇門答剌當仁不讓的新國王。」

原來國王宰奴里阿比丁的兒子，此時也長大成人了，他針鋒相對地提出，只有他才是蘇門答剌王位的合法繼承者。他的理由也很充足：「老王是因為我的母親有所許諾，同他成了親，夫因妻貴，那完全是形勢所迫，事出有因。現在既然老王已經死了，這頂王冠就該物歸原主，豈能落入異姓旁人之手。」

兩人針鋒相對，誰也不肯退讓，本來很有主意的王后，這時也沒了主意。她是個溫柔多情的女人，這一邊是親生骨肉，自然情有獨鍾；另一邊是救國於危難的漁夫的兒子，一日夫妻百日恩，何況她同漁夫老王做了十多年的夫妻。她萬萬沒有想到，自己當年救國的義舉，卻埋下了爭奪王位的禍根。

就在王后猶豫不定的時候，國王宰奴里阿比丁的兒子在原來一些朝臣的支持下，捷足先登，搶得了王位。蘇干剌便同他兵戎相見，雙方率領各自的人馬打了起來。

王景弘聽罷，把頭搖得像撥浪鼓一般，為難地說：「要論這件事，他們兩人誰當國王都有一定的道理，我們該向著誰恐怕很難弄清楚。」

鄭和苦笑，這就叫清官難斷家務事，他們自己都說不清楚的事，外人又有誰能說清楚。

但是事已至此，他們這樣長期鬧下去也不是辦法，必然導致此處海路不寧，阻礙大明船隊的西洋之行，最終解決還是需要大明的使者。大家討論的焦點無非是繼承權的問題，最後問題困擾得所有人都頭痛欲裂。

眼看蘇門答剌就要到了，島上的青翠椰林已經輪廓分明，岸邊的漁船也清晰可見。鄭和終於下了決心，他對大家說：「既然聖上命我們相機行事，我們就相機行事。現在王位繼承人有爭議，王后卻是沒有爭議的。那我們就先去王宮拜見那位王后！」

鄭和的船隊剛接近蘇門答剌島，已經坐上王位的新國王和蘇干剌都划著船，爭著搶著要見大明總兵元帥。鄭和避而不見，讓王景弘去給他們傳話：「請雙方立刻罷兵休戰，何時面見大明總兵元帥，聽候安排。」

兩個王位的爭奪者，聽了這話，只好怏怏退了回去。

鄭和從容地沐浴更衣，留下王景弘統帥海上戰船，自己則點了一哨人馬上岸，由指揮使朱真帶領，向蘇門答剌王宮進發。

蘇門答剌的王后已是玉容憔悴，聽說天朝使者來看她，王后大喜過望，拜見了鄭和。她臉上露出多日不見的笑容，天朝使者來了，一切便都好解決了。王后迫不及待地派人要去找兩個爭奪王位的人來見大明使者，接受天朝上國的調停。

鄭和立即勸阻，使團初來乍到，鞍馬勞頓，暫時還不想同他們相見，只是特來問候王后，表達大明天子對王后殿下的關心。

王后聽了親切的話語，眼淚撲簌而下，忍不住向鄭和傾訴起那些令她十分苦惱的事情。

鄭和問：「您的王子為人怎樣？」

「像他的父親，心地善良，見不得蘇門答剌人遭受苦難。」

鄭和又問：「老王的兒子呢？」

「像他的父親，永不言棄，認準了一件事就堅持做到底。」

鄭和進而問：「以王后之見，他們兩人誰繼承王位更合適呢？」

「我不知道，我不知道……」王后此時的心情的確非常複雜，似乎唯有哭泣才能疏解她內心深處的委屈與矛盾。

鄭和也犯了難，相機行事之「機」，究竟在哪裏呢？

不想就在這個時候，那個蘇干剌趁對手遵大明使者之命罷兵之際，對王宮發動了突然襲擊。

蘇干剌有其父之堅毅卻無其父之智慧。他見鄭和進了王宮，便以為大明使者此時去會見王后，一定會對他們母子表示支持，他立刻惱羞成怒，盛怒之下，決定孤注一擲，決心就在這一天把蘇門答剌的王冠奪過來。

他兵分兩路。一路由他自己帶領襲擊王宮，要將大明使者、王后和那個篡奪王位的傢伙一網打盡；另一路由他的一個兄弟帶領，到海上去搶劫大明船隊的財物。

他壓根就沒想到，在王宮周圍的明軍雖然只有兩千人，卻個個都是精銳，在朱真的指揮下，他們以一當百，將他的那些烏合之眾砍殺得血肉紛飛，狼狽逃竄。

蘇干剌自己舉著一把魚叉，殺入王宮的時候，都不知道自己是怎麼被明軍踹翻在地、繩捆索綁的。當他被俘，跪在鄭和與王后面前的時候，嘴裏一個勁兒罵著那個篡位的王子。王后隨即止住了哭泣，面如死灰地站在這個兒子面前。只輕輕地說了一句：「你辜負了你的父親。」便再也不看蘇干剌了。

成了階下囚的蘇干剌，被鄭和綁縛著準備送往南京，聽候大明天子發落。原國王的兒子沒了競爭對手，也就順理成章當上了新國王。

為了感激大明天子德昭天下，新國王準備了很多貢物送給大明天子，鄭和也照例給了王后和新國王很多賞賜，向他們宣示了大明天子「和順萬方，共享太平之福」的旨意。

當大明船隊即將起航的時候，王后卻在岸邊叫住了使團。她聲音顫抖著，充滿了母性的柔情。她命宮女收拾了老王的一包衣服，親自為蘇干剌挎在肩上，還伸手為蘇干剌拭去眼角的淚珠。

鄭和從王后的眼神裏，感受到了她的悲戚和哀怨，她並沒有因為親生兒子獲得王位而感到高興。

看到如此情景，鄭和在離開蘇門答剌時，心情也是非常沉重，他覺得這回大動干戈雖然事出有因，但是為了解決一個國家內部的紛爭，釀成這樣的流血事件，總是有些於心不忍。

他一路都在琢磨要給蘇門答剌留下一點什麼，以撫平留在這裏的創傷。

鄭和問新國王：「蘇門答剌氣候溼熱，想必也會流行瘴癘吧？」

新國王回答：「瘴癘乃我國一大魔障，我們一直苦於找不到對付的辦法。」

鄭和指著路邊的榴蓮果對新國王說：「這種叫都爾烏的果子，我國古代醫書中曾有記載，不但好吃，還能防止和治療瘴癘，你要讓蘇門答剌人多種都爾烏，多吃都爾烏。」

新國王感激不盡：「難得總兵元帥這麼記掛我國人民，給我們傳授了抵禦瘴癘的好辦法。」幾百年來，這些榴蓮樹滋養著蘇門答剌人，增強了他們的生命活力。直到今天，島上的人在吃榴蓮果時，都還念念不忘鄭和。

重修報恩寺

駕崩榆木川

永樂十八年（一四二〇年）十一月，朱棣與朝臣反覆議論遷都北京的事。不久，朱棣頒發了遷都詔書。

永樂十九年（一四二一年），正式遷都北京。

鄭和從西洋帶回來的大量寶物充實了宮廷。

朱棣喜歡的一種名叫「甜白」的乳白色瓷器，在原有青花瓷器豐富的色彩上，添加了鄭和從波斯帶回來的一種珍貴的鈷礦——蘇麻離青，這種原始礦石含鐵極高，在適當的火候燒造下呈現出藍寶石般的鮮艷色澤，同時又使得原有的釉彩冒出許多微小氣泡，發出迷人的光亮，潔素瑩然，賞心悅目，為新建宮廷的瓷器增加了光彩。

不過，北京皇宮的落成，對朱棣本人來說，似乎流年不順，他不斷遇到一些倒楣的事，先是他的寵妃王貴人去世，而後新落成的奉天殿在一把天火中化為烏有。

坊間有人說北京皇宮的這把火是建文皇帝遣來的天火，是對佔據他皇位的這位叔父的報復。當年永樂帝在奪取皇位時，南京皇宮那一把大火燒了幾天幾夜，這回是「以其人之道還治其人之身」。

他認定這場大火是一次「天譴」，就下了一道罪己詔，對自己的所作所為，進行了一番深刻的反省，並要求群臣直言其過。

朱棣的話音剛落，袁忠徹就站了出來，這位繼姚廣孝之後，號稱能夠預測人間禍福的方士說：「要說弊政，要說勞民傷財，都莫過於幾次西洋取寶之行了。耗費許多有用之財，取回一些無用之物，實屬奢華侈靡，暴殄天物，以至天怒人怨。其實，上蒼對此已經屢有警戒。去年新皇宮建成之後，存放南京的西洋寶物運送到北京不久，北京六月發生地震，七月出現日食，上蒼接連顯示這些不祥之兆，很明顯都是衝著這些西洋寶物來的。遷都之後，諸多西洋番國又來進寶朝賀。老天爺一怒之下，將其全部化為灰燼，連帶三大殿也被付之一炬，實在可歎啊。」

呂震立刻附和，西洋寶玩的到來，果然使玩物喪志之人倍增，奢華侈靡之風大長，動搖了先帝崇尚勤儉樸實的立國之本，遭受天譴，實非偶然。

鄭和聽了這些話心裏很不是滋味，他覺得這些話歪曲了聖上倡導下西洋的旨意，也歪曲了大明船隊西洋之行所取得的實際成果，便挺身而出進行反駁：「自永樂三年聖上首倡西洋之行，一再明示溝通四海、賓服萬邦的主旨，這些年大明船隊出使西洋，遠及忽魯謨斯、木骨都束等地，與三十多個國家進行溝通，他們對天朝上國真心臣服，前來朝貢覲見大明天子的絡繹不絕。這些都是有目共睹的事實，怎能以取寶概而言之呢？何況彼此溝通有無，也並非應當遭受天譴的事啊。」

鄭和這時出面為下西洋辯護，無異於火上澆油。很多朝臣見了鄭和，立刻就想起了以西洋貢物抵俸祿的事，尤其是那些因為囤積番香、番藥蝕了血本的人，聽了鄭和這番話更加激起了他們對下西洋的憤恨。大家不約而同，從四面八方圍攻下西洋之事。

呂震直指番邦乃蠻夷之人，不通教化，常常出爾反爾，沒有必要耗費那麼多的錢財，去獲得他們一時的賓服。

這些話都夠尖酸刻薄的，且矛頭已經不是對準鄭和，而是直指皇帝了，可謂膽大包天。鄭和看了朱棣一眼，朱棣還是一臉隨和，並沒有動怒。這場大火似乎使朱棣失去了當初的勇氣，歲月不饒人，這一年他六十一歲了，已經進入耳順之年！

鄭和不甘心方興未艾的下西洋就此作罷，他還有重要的發展計劃正在實施，不能就這麼說停就停了。他直接找到皇帝，據理力爭，並且將柯枝國王刻寫的碑文呈了上去。朱棣看後，一臉欣然，對鄭和說：「朕只講暫停，並沒有說取消下西洋啊，眼下就有一件重要的事情，需要你趕緊下西洋去處理。」

鄭和欣然請命：「大明船隊還在海外，不知是什麼事情，需要再去西洋？」

朱棣遞過一份來自舊港的密折，原來舊港的施進卿已經去世，宣慰使的位子空缺出來，施進卿的兒子和施進卿的女兒施二姐都在爭這個職位，朱棣讓他從速去舊港處理。

鄭和請示：「聖上的意思，誰當宣慰使合適？」

朱棣微微一笑：「還是相機行事吧。」

鄭和急速回到南京，經過一段時間的準備，又奔波在風起浪湧的海洋中。

朱棣終究是個不甘寂寞的人。經過朝堂大辯論，他消停了一些日子，又惦記著親征漠北了。然而可悲的是，一國之君晚年的不幸，常常會變成整個國家的不幸。一個精力衰竭的老人，決定事情變得非常武斷，而且判斷失誤的機率也愈來愈大。當他聽到韃靼部落歸附的人說，韃靼首領阿魯台又要舉兵犯邊，立刻就要御駕親征。

永樂二十二年（一四二四年）五月端午那天，朱棣帶著全部的輜重到達地處塞外的開平。天上淅淅瀝瀝下起雨來，士兵的衣服淋得透溼，塞外的冷風一吹，都凍得瑟瑟發抖。朱棣率領明軍來到答蘭納木兒河（今蒙古國東部哈拉哈河支流努木兒根河）附近，極目遠望，到處都是茫茫荒草，敵人蹤影渺無。這裏是阿魯台進退必經之路，但車轍和牛馬碾過和踩踏過的痕跡早已堙沒了，看來阿魯台同前幾次一樣，早已逃之夭夭。

在經過清水源的時候，朱棣命人勒石紀行，感慨萬千地說：「要讓萬世以後都知道朕親征到過這裏。」朱棣回顧自己這些年與阿魯台這個冥頑之徒周旋，竟然如同被他牽住鼻子一般捉弄，幾次勞師遠征，空耗大量財力物力，都只能無功而返，阿魯台還是那個阿魯台。

此時的朱棣冥冥之中漸漸醒悟，作為強者總是想以武力去征服自己的對手，不見得是個好辦法，弱者不一定都是用武力能夠征服的。

七月中旬，明軍疲憊不堪地來到榆木川（今內蒙古海拉爾），朱棣不期病入膏肓，再也起不來了。他在彌留之際，環顧草原上的寂寞和冷清，想起去年在北京城，錫蘭國王來賀，占城、古里、忽魯謨斯、阿丹（今葉門首都亞丁）、祖法兒（今阿拉伯半島東南岸阿曼的佐法兒一帶）、剌撒（今葉門亞丁附近的伊薩）、不剌哇（今索馬利亞布臘瓦）、木骨都束、柯枝、加異勒、溜山、南渤利（今印尼蘇門答臘島）、蘇門答剌、阿魯（今蘇門答臘島日里河流域）、滿剌加、失剌思（今伊朗東南部設剌子）、榜葛剌（今孟加拉）、琉球諸國來朝的盛況，這強烈的反差，使他又想起了鄭和，想起了由自己發動又由自己命令暫停的下西洋，心裏湧出很多話，卻已經無法說出來。

「永罷西洋遠航」

舊港宣慰使施進卿是永樂十九（一四二一年）去世的。先是他的兒子施濟孫捷足先登，繼承了父親的位置，成為舊港的新首領。施進卿的女兒施二姐卻根據施進卿的遺言，「本人死，位不傳子」，毅然奮起與自己的哥哥爭奪宣慰使的位置。

施二姐是個很能幹的女人，施濟孫鬥不過這個巾幗不讓鬚眉的妹妹，便派人到大明王朝尋求支持。但是，還沒有等鄭和趕到舊港，施二姐已經攆走他的哥哥，取而代之。

鄭和記住了聖上相機行事的交代，順水推舟承認了施二姐的合法地位，向她宣讀了皇帝的詔書。

施二姐對鄭和消滅陳祖義的故事很熟悉，原本有些擔心自己這位子能否坐穩，鄭和的支持令她喜出望外。她執意留天朝使者在舊港多待幾天，看看她治理舊港的業績。鄭和也不便推辭，只好順水推舟了。

舊港的風光，對鄭和來說並不陌生。熱帶樹林一片蔥綠，田土豐腴，稻穀一年三熟，人民生活富裕。鄭和讚賞施二姐：「看來你很有治國的能力，舊港能有今天的面貌，很不錯了。」

施二姐承諾：「總兵元帥下次再來，舊港一定還會變一個樣子。」

鄭和乘了寶船迅疾返國覆命，他在告別施二姐時滿懷信心地說：「我一定還會到舊港來的。」

大洋之上西南風刮得很有勁兒，將所有的桅帆都鼓脹得連一個皺褶都沒有，鄭和乘坐的寶船就像一支離弦的箭，在不斷縮短他與南京的距離。

鄭和站在甲板上問朱真：「你今年多大歲數了？」

「早已過不惑之年。」

鄭和端詳著朱真下巴上的鬍鬚和眼角的魚尾紋：「往後再下西洋，還能繼續帶兵嗎？」

朱真拍拍自己的胸脯：「這身子骨在海上也摔打出來了，只要總兵元帥用得著，屬下隨時聽候召喚。」

鄭和展開航海圖長卷，身邊的人也都湊了過來。他們把這些年經過的重要地方，都畫成了一幅幅圖畫，山、島、城池……讓人看了驚歎不已。再念那些奇奇怪怪的地名，什麼「夜丫山」「任不知溜」，都不由笑了起來。鄭和指著麻林國（今肯亞馬林迪）以南那片空白說：「有朝一日，總要到那邊去闖一闖，看看這海洋究竟有沒有盡頭。」

鄭和乘坐的帥船進了長江口，太陽被厚厚的雲層遮住，天上陰沉沉的，眼看就要下雨的樣子。王景弘遠遠發現了鄭和的寶船，立即乘了兩艘快船迎了過來。王景弘見到鄭和，開口的第一句話就是：「皇帝駕崩了！」

鄭和聽聞此言，如同晴天霹靂，在他的頭頂上炸響。天，彷彿真的塌下來了。

他許久才緩過神來，注意到所有來的人，都穿了一身白，在為已經逝去的皇帝戴孝。鄭和的眼淚，在頃刻間如同湧在閘門前的河水奔湧而出。

東宮太子朱高熾即皇帝位，戴上了皇冠，換上了龍袍，坐上了龍椅。

他登上金鑾殿的第一天，就把他父親關進大牢的那些大臣統統放了出來。夏原吉仍舊成了他所倚重的戶部尚書，繼續為他掌管錢糧。他的幾位老師蹇義、楊溥、楊榮、楊士奇，過去跟著他受了不少委屈。還有擁立太子有功的袁忠徹、金忠等人，現在都該得到回報，新天子毫不含糊地青睞他們，誰能說他優柔寡斷！

新皇帝初次主持朝政，還沒有完全適應角色的轉換，他這個當學生的還是習慣傾聽老師的話，一群儒生發出的呼聲，成了朝堂的主旋律。

夏原吉頭一個站出來，上了奏折，請罷寶船下西洋。

朱高熾在東宮長期接受的是朝中儒學集團的教育，飽讀儒家經典。從性格來說，也是好靜不好動，乃父生前不斷接見外國使臣，在他看來是件非常痛苦和難受的事。不過，他也知道下西洋是父皇在世時非常熱心做的一件事，而今父皇屍骨未寒，自己若是遽然罷了下西洋之事，不免有違人子之禮。他有些左右為難，他先是以父皇生前的「暫停」二字，想敷衍過去，但這些人卻偏要從他嘴裏掏出「永罷」兩個字來，真有些強人所難。

終於，朱高熾聽到這些大臣們抬出了「祖制」二字，眼前立刻一亮。他給自己找到了台階，如釋重負地鬆了一口氣，堅定地說：「既然是維護祖制，那就擬旨吧，永罷西洋遠航！」

夏原吉早就擬好了聖旨，聽了這話立刻呈了上去。新天子看罷點了點頭。鄭和還沒來得及趕到北京，永罷西洋遠航的聖旨就下達了：下西洋諸番國寶船，悉皆停止。……各處修造下番海船，悉皆停止。

朝堂上的大臣們過去對朱棣重用鄭和，且處處維護鄭和的做法，心裏不服氣，現在終於可以肆無忌憚地指責這個他們眼中的「刑餘之人」了。然而，苦苦思索之後，他們卻發現在三寶太監的身上竟然找不出什麼大毛病來。

朱高熾徵詢大家的意見後，說：「鄭和乃先帝靖難的功臣，又是一直受重用的人，朕不能慢待，只是不下西洋了，讓他去做什麼好呢？」

京師移往北京以後，南京皇宮依舊保留，眾人給鄭和尋覓了一個再恰當不過的差事：擔任南京守備，監護南京宮廷一切事宜。

夏原吉極其贊成這個建議，朝廷北遷以後，南京宮廷空虛，急需有個能幹的人照料，鄭和當是最合適的人選。

朱高熾當即表態：「朕總有一天還是要回到南京去的，即命鄭和任南京守備，寶船隊人員除遣散那些火長、民梢、雜役之外，其他人等也都回南京，仍歸鄭和指揮調度。」

鄭和趕到京師的那天，寶船隊和他個人的命運已經決定下來。

朱高熾在御書房召見他，讓他立刻感覺到，新皇帝同原來他所見的東宮太子已大不一樣了。

朱高熾對撤銷寶船隊的事，比那道聖旨交代得更明確具體，一點也不含糊：「各處修造往來諸番寶船，悉皆停止。但凡買辦下番一應物件，並鑄造銅錢，買辦麝香、生銅等物，除現已買辦在官者，即由所管司庫交收。還沒有起運的，悉皆停止。各處買辦諸色苧絲、紗羅、段匹、寶石等項，及一應物料、顏料等，並蘇杭等處繼續在製造的段匹、燒造的瓷器，悉皆停罷。」

鄭和心知下西洋大勢已去，無可挽回，一句話也說不出來，只有跪謝龍恩。

琉璃寶塔

朱高熾是個短命的皇帝。他在北京皇宮的龍椅上只坐了九個月的時間，就因為陰陽失調，嗚呼哀哉了。接過皇帝寶座的，是太子朱瞻基，即宣德皇帝。

朱瞻基感念祖父，也很瞭解祖父朱棣生前修建大報恩寺的良苦用心：表面上是要報馬皇后的恩，實際是要報自己生母之恩。

朱瞻基即皇帝位後，立刻把修建天禧寺當成一件大事來辦，以了卻祖父生前的夙願。朱瞻基遺傳了祖父雷厲風行的作風，對大報恩寺修建拖拖拉拉十多年還不見眉目的狀況，很不滿意。他親自督責加快修建速度，並限期完工。

也難怪新君不滿，大報恩寺的修建的確成了中國歷史上都很少見的鬍子工程。從永樂十年（一四一二年）動工到最後建成，前後花了十九年的時間，真個是「廟修好了，和尚也老了」。

朱棣剛提出這個設想的時候，由鄭和進行過籌劃，後來鄭和因為忙於下西洋事務，在實際動工後，由太監汪福、工部侍郎張信監工，動用了士兵和匠人十餘萬人，聲勢不可謂不大。不得不承認汪福等人監工很不得力，造成了現在這個老牛拉破車的局面。

宣德三年（一四二八年），朱瞻基飭令鄭和提督修建，把原來下西洋的整個人馬都投入進去。

南京聚寶門外大報恩寺的工地上，車水馬龍，人如潮湧。王景弘等人簇擁著鄭和來到這裏，大家對這項工程進展緩慢也都直搖頭。

鄭和重新展開自己十多年前描繪大報恩寺的設計圖，耳旁又響起了先帝要建天下第一佛寺的話語。他若有所思地說：「原來施工慢了一些，也不見得是壞事，好多事可以從頭做起。」

王景弘湊過來看這幅圖，那個有著真臘吳哥窟金塔風格的琉璃寶塔，那些佈置在各個宮殿的異域瑰寶，還有準備種植在庭院裏的海外各種奇花異木，立刻明白了鄭和說這話的意思。他高興地對鄭和說：「朝廷罷了遠洋航行，我們就將這個報恩寺變成一片海洋。」

鄭和會心地向他點了點頭。

鄭和離開他所熱愛的海洋已經四年多了。他覺得這些時日比在海上忙來忙去的十多年，不知漫長了多少倍，令他難以忍受。他習慣了大海的廣闊空間，無論在南京的什麼地方，都覺得很憋悶。繼續發展海外交往和貿易的宏圖大願被突然掐斷，在他心裏留下了一大片空白，無論做多少事情似乎都無法填補。

今天來到這個建築工地，看了自己十多年前描繪的大報恩寺，他恍然明白，實際當時他就在構思一個中國與世界聯為一體的海洋夢。而今，他見不到廣闊無垠的海洋了，他的海洋夢想也只能寄託在這裏。他相信今後會有人從大報恩寺得到啟示，把他美好的海洋夢想變成美好的現實。若能那樣，他也就沒有遺憾了。這麼一想，大報恩寺方圓九里十三步的範圍，也就成了他眼前的一泓海洋，心胸似乎開闊了不少。

回到南京的這幾年，鄭和忙著整修南京的皇宮，連他自己也沒想到，能把西洋那些佛教寺廟和阿拉伯的建築藝術，融會貫通，自如發揮。現在回過頭來審視原來設想的大報恩寺，有不少值得修改和完善的地方，他手下的這些人在西洋多年，接觸過各種風格的建築，眼光也不再局限於一隅。他們對鄭和寄託在大報恩寺的海洋夢心領神會，紛紛將他們在西洋這些年觀察到的建築特色，各抒己見，補充到鄭和的大報恩寺圖稿中來。

朱真一直是領兵打仗的戰將，此時也儼然成了建築行家。他在古里、柯枝等地的佛寺中見到過阿育王時代的石柱，便提議說：「大報恩寺的前身就是阿育王塔，一定要有阿育王喜歡的獅頭石柱，它不但宏偉威嚴，還可以流傳萬世。」

王景弘對真臘的吳哥窟情有獨鍾，他說：「吳哥窟的金塔富麗堂皇，世人稱之為『富貴真臘』，我們的九重琉璃塔也要用黃金來堆砌。」

洪保幾下西洋，獨自帶著小船隊跑了不少國家，見過各個不同國家的海船。他建議：「琉璃塔的浮雕要刻畫出各種各樣的海船，從麻林的獨木舟到爪哇的木筏，從波斯商人的大肚子船到真臘的尖頭船，從溜山國的纜索船到暹羅的鐵釘船……」他一口氣數出了不少，還畫出了這些船的模樣。

馬歡對錫蘭山佛寺中的浮雕印象很深，他說：「佛門並非一概拒絕人間煙火，大報恩寺裏的浮雕也不要把世俗人情都屏除在佛門之外。」

有人提出大報恩寺裏要有一片樹林放養西洋珍禽異獸；有人建議南京能否種榴蓮樹，讓萬邦人物到了這裏都流連忘返。鄭和懂得他們這些話的內涵，他們每個人的心裏，也都存著一個海洋夢。

建築是人類在地球上留下的最永久的印記，建築藝術也是人類藝術中永恆的藝術。中國的萬里長城、古埃及的金字塔、古希臘的競技場，至今還在放出奪目的光彩。巴比倫的空中花園、奧林匹亞的宙斯神像、法羅斯島上的燈塔，雖然後來都不幸被毀了，卻在人類歷史上留下了永恆的記憶。

在鄭和這個時代，除了在中國的北方見過長城以外，別的那些世界偉大建築大概連名字都不知道。但他決心要把大報恩寺建成天下第一寺，把九重琉璃塔建成天下第一塔。中華上邦要讓萬邦賓服，這座寺廟也得讓萬邦景仰。他運用造寶船的辦法，先請眾多能工巧匠中的高手，將大報恩寺的整個建築群做出模型，將大家的心血和智慧都傾注到這個模型裏。

模型出來了，大家看了都覺得有了天下第一的氣派。鄭和立即從全國各地徵調眾多本領高超的匠人，按模型施工。寶船隊的兩萬多名將士，這時又成了建造南京大報恩寺的主力軍。這些人遠洋航海是能手，現在搞建築也很快進入了角色。大報恩寺方圓九里十三步，似乎又成了一隻展翅騰空的「驕燕」，鄭和彷彿又回到了他的帥船上。

三年多的時間，鄭和捨不得讓任何一寸光陰從自己的身邊溜走，大報恩寺的建築一天一個樣，九重琉璃塔一天天在往上長。南京人驚奇地發現，一個充滿異國情調的寺廟，一座聳入雲端在太陽照耀下閃閃發光的琉璃塔，兀然屹立在他們的面前。南京人沒有忘記，那個下西洋的三寶太監，前些年曾經不斷用新奇事物刷新他們的耳目，創造萬人空巷的轟動，想不到，他今天又用這天下奇觀，惹得人們扶老攜幼，來來回回往中華門外跑。

南京人從大報恩寺的正門蜂擁而進，只見綠草如茵的廣闊空間裏，種植著從未見過的奇花異木，那些來自異國他鄉的飛禽走獸在樹林裏活蹦亂跳著，人們直呼彷彿也來到西洋番國了，令人訝異。

最讓人驚歎的是那座琉璃塔，位於整個寺廟的中心，被二十多座殿閣，還有眾多的經房、畫廊環繞，拔地撐天，格外引人注目。這座五色琉璃塔高達三十餘丈，九層八面，全部用白石和五色琉璃磚砌就。每層拱門上都有飛天、飛羊、獅子、蛇和象的雕塑，牆壁上有各種造型的浮雕，在人們面前展現出一個大千世界。塔身外邊的牆壁上有佛像上萬尊，每一尊佛像的衣褶，眉眼神情，都刻畫得一絲不苟。

塔頂有個承露盤，由四千五百斤生鐵鑄成，外邊鍍了一寸厚的黃金，盤裏放著夜明珠、避水珠、避火珠、避風珠，以及黃金四千兩，白銀一千兩，永樂錢一千串，還有《地藏經》、《阿彌陀佛經》、《釋加佛經》、《接引佛經》各一部及其他供奉物品。

每層塔的八個角都掛著風鈴，總共一百五十多個，只需微風輕拂，便丁零有聲，十分悅耳動聽。塔頂和每層塔的中間，還有一百四十六盞長明燈，到了晚上十里之外都可以瞧見，正所謂「上照三十三天，中照人間善惡，永除天災」。

大報恩寺建好後，鄭和同自己多年的摯友王景弘在琉璃塔前駐足流連。王景弘默默地在心中禱告：總兵大人，您應該放心了，即使您今生沒有機會再去西洋，後來的人受了這個海洋夢的啟發，也會去圓這個海洋夢的。

大報恩寺也驚動了海外各國，絡繹不絕地有使者來此頂禮膜拜。他們都讚歎說：「真個是天下第一塔。」

可惜的是，不到兩百年，塔心木腐朽，塔頂傾斜，雖然有僧人洪恩募捐白銀數千兩，使塔得以重修，但卻失去了它最初的光彩。咸豐四年（一八五四年），大報恩寺塔毀於太平天國戰爭。清代康熙帝修建圓明園時，曾經在園內仿造過一座琉璃塔，不幸也被英法聯軍的一把火燒掉了，使得我們今人無法領略它的風采，只能從後人的復原圖中想像它的雄姿了。

鄭和作為戰爭的受害者，打心眼裏不喜歡戰爭，總想化干戈為玉帛。沒想到他留給後人的這個海洋夢，也逃脫不了戰爭的厄運。

在浩瀚中永生

再出西洋

宣德五年（一四三〇年），鄭和迎來了自己六十歲的生日。皇帝感念鄭和多年來六下西洋的功勞，更是為了新落成的大報恩寺，特遣北京宮中的內臣，千里迢迢趕到南京，為鄭和賀壽。這也是表示對先祖時期老臣的尊重。

鄭和在壽宴上並沒有眾人企盼的喜悅，他望著不遠處搖曳的燭光，感受更多的是一種悲哀。一個已經年屆花甲的老人，在浩瀚無垠的大海上，打熬了半輩子的筋骨，雖然歇下來幾年，但身體早已大不如前。作為他心中最重要的，也是唯一的西洋夢，現在看來，只能是一場難以實現的夢。他不願辜負王景弘和手下那些同生共死的戰友，在觥籌交錯的酒宴上強作歡顏。

從北京來的宮廷內臣，在酒席上悄悄對鄭和說：「萬歲爺眼看這幾年番國的貢使日漸稀少，午門前再也不見四方來朝的景象，心裏暗暗著急，在朝堂之上經常發怒，那個禮部尚書呂震時常被批得狗血淋頭。」

鄭和心中一沉，萬沒想到自己近二十年開創的海外諸國往來不斷的局面，短短幾年的光景便煙消雲散了。鄭和心裏清楚，這不只是禮部的事情，責備呂震沒有用。

六年了，再沒有那熟悉的身影，鎮定自若地指揮大明船隊往來於海上；再沒有滿載貨物的航船在海洋中自由地穿梭。建立在滿剌加的大明貨棧官倉，也因為西洋各國不再認可大明寶鈔，而改為以物易物的原始交易，曾經繁華的貨棧官倉，已經凋敝不堪。更有繼陳祖義之後的海盜頭目，漸漸地肆無忌憚地出現在原本平靜的大海上。

此前的宣德三年（一四二八年）陽春三月，朱瞻基和身邊的大臣，泛舟太液池。一時興起的皇帝，竟大發感慨，治天下就好比行舟，愈是大江大海愈是有利可圖。這樣的認知，來自近年來各國來使一年比一年減少，朝貢貿易也隨之出現衰落的現狀；尤其是去年征伐安南失手，讓他明顯感到大明王朝在番國中的威望每況愈下。

他無法面對這樣的現實，更怕自己死後無顏去見自己的祖父，終於忍無可忍，拍案而起，決心重振大明聲威，再造萬國來朝的局面。

朱瞻基從朱棣那裏繼承了拓展四方的精神。還沒等鄭和上書進言下西洋，他先下了一份詔書，在詔書中重申了乃祖永樂皇帝生前力主下西洋的用意。

這是一份遲到的聖旨。

時隔六年，所有下西洋的一切裝備、物件、人事，都已經廢棄，要重新啟動談何容易。特別是海船，已經廢棄的，改造成內河船的，很多都不能用了。且隨著大運河漕運的發達，內河船舶需求的增加，此時連海船都已經停造。

朱瞻基大概也體察到了其中的難處，專門下了一道飭令，要求一應錢糧並番國頭目的賞賜，隨船需要的軍火器、油、燭、柴、炭，以及內官使臣們所需物資，都要照數放支，不許延緩，這可以算是格外開恩了。

整個船隊像一部上滿發條的機器，所有人都打起一百二十分的精神。然而，鄭和已經老了，他預感到自己來日無多，這次出使西洋，恐怕將是他的謝幕演出。鄭和太想讓世人瞭解他屢下西洋的苦衷，讓所有後人懂得利用海洋，走向海外的重要性。他一生漂泊海上，進而領悟出一個放之四海而皆準的道理：「一個國家不敢大步踏著海浪走出去，總是設法把海邊當成封堵別國，也封堵自己的籬笆牆，會有多麼大的危險。」

南京天妃宮，位於南京城北的獅子山下，左依儀鳳門，右鄰靜海寺。天妃宮裏，人聲鼎沸，香煙繚繞。鄭和仰觀天妃娘娘神像，回憶自己由此開洋遠航的情景。天妃宮外的河面上，下西洋的船隊排列整齊，雲帆高掛。鄭和率領正副使臣和明軍將士及所有民梢人等在這裏祭拜天妃，舉行隆重的立碑儀式。

勒石記事，直抒胸臆，就在瀏河口的天妃宮行香，並且立一塊碑，將天妃娘娘幾次護佑大明船隊下西洋的事一一鐫刻，要讓下西洋的夢想一代一代傳遞下去。

這裏傳遞的並非是鄭和的名字，而是一個國家的使命。

鄭和苦心孤詣，給這塊碑定了一個耐人尋味的名字，稱為「婁東劉家港天妃宮石刻通番事蹟碑」，讓細心的人能夠體會到，這塊碑既是祭祀天妃的，也是紀念大明船隊下西洋這一壯舉的。

鄭和名正言順地在碑文中詳細開列了歷次下西洋的時間，所經歷的國家，所遇到的大事，連這一次「仍往諸番開詔，舟師泊於寺下」，也一一記載下來。然後藉著頌揚天妃的功績，將幾次下西洋所經歷的艱辛，全體人員的奮鬥精神，洋洋灑灑寫了一篇大文章。

當船隊剛剛駛出劉家港，北京宮裏就下了一道聖旨來，宣德皇帝給臨行前的鄭和加了一項緊迫的任務：在下西洋途中調解暹羅與滿剌加新起的爭端。

滿剌加的新國王巫寶赤納，一直感念大明皇帝在滿剌加的功德，前往大明覲見，在途中遭到暹羅國王的阻攔。雖然巫寶赤納設法逃到北京，但是暹羅國王見大明今已罷航，知道就算滅了滿剌加，大明也難處理。這種情勢，始終讓巫寶赤納饋慄不安。

朱瞻基看到西洋形勢如此嚴峻，派人將滿剌加國王送過來，要鄭和護送他回去，同暹羅國王面對面地解決糾紛，以維護西洋的和平安寧。

當北京皇宮的內侍向鄭和講述完此事，鄭和無奈地搖頭，對身邊的王景弘長歎說：「劉家港那篇碑文論述不足啊！」

王景弘早已心有靈犀，正使大人一定是從暹羅和滿剌加國王的事情中得到了啟示，又有了新的靈感。

鄭和點頭稱是，起草那篇碑文的時候，都是從反面說明斷絕與世界往來的教訓，不好在碑文中明言，有些含糊其詞。現在我們可以從正面來闡釋這個道理：唯有溝通海外，和順萬邦，中土方能長治久安。

王景弘上前輕聲道：「那就再立一塊碑。」

鄭和再次一揮而就，寫了名為長樂南山寺《天妃之神靈應記》的碑文，著重闡述了走向海洋的深遠意義，並將這塊碑嵌進長樂天妃宮的牆壁裏，期望他們的親身經歷和從中悟出的道理，能夠永昭來世。

在這塊碑上，刻上了鄭和、王景弘，以及跟隨他們下西洋的一批中國航海家的名字，他們中有李興、朱良、周滿、洪保、楊真、張達、吳忠，還有明軍將領朱真、王衡等人。

西洋・夕陽

宣德六年（一四三一年）冬天，東北季風將鄭和船隊的風帆鼓滿。令鄭和興奮的是，這次遠航西洋的陣容最是整齊，歷次跟隨他出使西洋的使臣、明軍將領，全都跟來了。通事馬歡、醫官匡愚也帶著他們寫的書上了寶船，所有人都攛掇總兵元帥，這次一定要多走一些國家，走得更遠一些，好讓他們書裏的世界變得更大更廣。

鄭和已經老了，他不再是那橫戈躍馬的少年，也不再是叱吒風雲的總兵元帥，更不是那任憑風吹浪打若等閒的三寶太監。

鄭和，病倒了。

匡愚眉頭緊鎖地對王景弘說：「總兵元帥心裏裝的事太多，這病治起來太難了，醫生治得了身病，治不了心病啊。」

船隊簇擁著鄭和的帥船，途經錫蘭山，再經柯枝、古里，然後一直向西，橫跨印度洋的北部，直往阿丹和天方（今阿拉伯地區）。所幸這一個月的航程，風和浪靜，走船平穩，天氣也涼爽了不少。

當大明船隊從印度洋進入紅海後，阿丹國便漸漸浮現在眼前。這裏是一片坦蕩的平原，處處都能沐浴溼潤的海風。

王景弘這回很堅決地做出了決定，由洪保、馬歡等人，率領一部份人去天方國，他自己則留在阿丹陪伴鄭和稍事休息，使之能繼續後面的航程。

鄭和不能不服從這個決定。

稍事休養的鄭和拖著沉重的病體，在夕陽的餘暉中從阿丹再次起航。他繼續往南走向神奇的非洲，去訪問木骨都束、不剌哇、竹步（今索馬利亞南部朱巴河口的瓊博）和麻林那些國家。有人曾經勸他返航，但鄭和拒絕了，他要看一看自己的生命盡頭，還能夠走多遠。

鄭和將陰陽官林貴和找來，商量抓緊時間繼續修改和完善所有的航海圖。林貴和卻不敢再讓鄭和耗費體力，他不無擔心地勸說：「總兵元帥，這件事不著急，您的身體不能再勞累了。」

鄭和搖頭：「這是現在最緊急的事情了，不把它做好，我連覺都睡不著。」

他最終的信念告訴他，要把最後的時間留給航海圖，以及所有的航海資料。

也許大明的後繼者們，有朝一日繼續揚帆起航，走向更遠的彼岸。這幅航海圖、這些航海資料，能夠伴隨在這些後繼者身邊，為他們指點航向和航程。這不正是自己生命的延續嗎？這不也是跟著後繼者一起去繼續圓他的海洋夢嗎？

林貴和指著航海圖說：「現在的圖上有了將近五百個地名，國內從南京出發沿江、沿海近兩百個，國外近三百個，這次在南京全都核校和重新畫了一遍。」

鄭和從床上翻身而起，俯下身去，從頭到尾翻了一遍地板上的航海圖，突然轉身對林貴和說：「我看這幅海圖還不全。從南京下關到海南，比較詳盡，對沿岸的州縣衛所、島嶼沙灘的繪製，基本是正確的。但是從暹羅灣、爪哇、滿剌加這一帶看，地形過於複雜，島嶼星羅棋佈，我們到過的地方便有標記，我們沒到過的，怕是難以繪製。」

「依我看再畫幾幅牽星過洋圖，把每條海路的航程都標出來，這幅航海圖便全了。」鄭和拍手說。

所謂「過洋牽星」，就是採用觀測太陽以及星辰高度的定位方法。陰陽官使用牽星板測量所在地的星辰高度，然後計算出該處的地理緯度，以此測定船隻的具體航向。這牽星板的原理相當於今天的六分儀。牽星板由十二片烏木做成，從小到大排列，大的七寸，標為「一指」「二指」直至「十二指」，每指均有等分的刻度。觀察者一手持板，手臂向前伸直，另一手持住繩端置於眼前。此時，眼看方板上下邊緣，將下邊緣與水平線取平，上邊緣與被測的星體重合，然後根據所用之板屬於幾指，便得出星辰高度的指數。經常能夠測量的只有特徵鮮明、亮度較強的幾個星座。

林貴和感慨萬千，得此航海全圖已是極其不易，若再加上三四份「過洋牽星圖」，那豈不是難上加難。

鄭和點頭稱是，這是過去從來還沒有人做過的事情，萬事都是開頭難。想著星圖需晨昏時刻方能測定，此時天氣晴好便能見到清晰的海天一線，每日測繪最多只有一刻時間，著實不易。但是這可是造福後人的大事，一定要做。

他們說得正熱鬧，王景弘輕輕地推門探身進來，見了這個場面，當即勸慰鄭和多加休息，不可如此操勞。

鄭和笑道：「是你當年把他請來，而今這幅航海圖弄不好，我心裏就不踏實，睡覺也不會安穩的。」

鄭和一路上拖著羸弱的身體，一邊潛心修改完善航海圖，一邊順著木骨都束、不刺哇、竹步、麻林這些國家，向那些國王宣示大明新天子的詔書，不厭其煩地勸他們相互敦睦，與大明永遠修好。

當船隊來到一個叫慢八撒（今肯亞蒙巴薩港）的地方，水流突然變急，浪濤也更加洶湧。

當沖天的巨浪反覆搖曳寶船的時候，從不暈船的鄭和也忍不住翻江倒海般吐了起來，臉色霎時變得慘白。

大家都說不能再往前走了，勸他就此返航。鄭和勉強支撐著病體來到甲板上，眼望前方高山聳立般的海濤，一個追逐一個，直奔向遙遠的天際。

右邊的海岸危巖壁立，上面是密密匝匝的森林，不見雲天。

鄭和無可奈何地搖首自歎：「就到此為止吧！」

他對林貴和說：「在我們的航海圖中加上慢八撒。」

這，的確是一個歷史的遺憾，中國人其實只差了那麼一步，就能繞過好望角，成就一次偉大的歷史性航行。這個榮譽，在五十多年後，歸了歐洲的葡萄牙人。

這片陌生的海域，像有意要向鄭和示威似的，在返航的時候，風浪變得更兇猛。天黑以後，一艘戰船在一個河口附近，不慎陷入湍急河水與海水撞擊所形成的洄流裏，久久無法擺脫出來。那時聯絡的信號燈太微弱，他們敲鑼和呼喊的聲音也被風浪的怒吼所掩蓋，眼看前面的船隻愈走愈遠，將他們留在一片黑暗的包圍中。水手想借助天上微弱的星光辨明方向正要往前去追趕船隊，不想誤撞暗礁，嘩啦一聲巨響，這艘戰船頓時從中間裂成兩半，三百多人全都落進水裏，頓時被巨浪吞沒。

大明「驕燕」被巨浪折斷了翱翔的翅膀。病中的鄭和，精神和肉體都已經變得無比的脆弱，損失一船人的沉重打擊，徹底摧毀了他的生命防線。這個壞消息傳來，他頓時眼前一片漆黑。他在昏迷中不停地哭著喊著趕緊去救船救人，雖然聲音微弱，卻是痛徹肺腑。所有守在他身旁的人，無不跟著落淚，為那些消失在海上的夥伴，也為他們的總兵元帥鄭和而傷心。

從此，鄭和茶飯不思，淚很快流乾了，每天只能勉強咽幾口米汁，吊著他那一條垂危的生命。

王景弘問匡愚：「能否用上等的西洋番藥補一補？支撐著回到家裏，也許就好了。」匡愚含著眼淚直搖頭：「已經油盡燈枯，用補藥反而有害無益。」

鄭和的身體每況愈下，王景弘命令急速返航，船隊從波斯灣出來，朝著東南方向，直奔古里和柯枝，沿著原來的航線返回。鄭和在病中也不停地念叨這些年與他同舟共濟的弟兄，掙扎著想見他們。

王景弘左右為難，只得同幾位將領商量，各船都推出幾個人來，輪著到帥船上看一看。

所有的水手，每天都在給天妃娘娘燒香磕頭。

他們許了一個願，只要總兵元帥身體能夠康復，南京、太倉和長樂的天妃廟，他們都要重塑天妃娘娘的金身，就是傾家蕩產也在所不惜。

鄭和的病還是一日比一日沉重，他時常處於昏迷狀態，死神的陰影已經在他身上徘徊。王景弘眼看他連帥船在海浪中的搖晃都無法承受，急命在古里停船。古里國王得知消息，特地派來王宮的巫醫上船給大明總兵元帥看病，還請高僧做法事，為他消災祈福。

洪保也從天方和麥地那趕了過來，得知鄭和病重的消息，立刻捧出從麥地那滲滲泉帶來的聖水，期望聖水能挽救鄭和的生命。洪保捧著聖水來到病床前，大聲喚醒昏迷中的鄭和：「這是先知穆罕默德賜的聖水，喝下去您就會康復的。」

鄭和努力睜開眼睛看了看盛聖水的淨瓶，艱難地說：「聖水不也是息水嗎？留著制服海上的風浪吧，可別讓弟兄們再被大海吞噬了。」

眾人潸然淚下。

鄭和輕輕地搖了搖頭：「來讓我看看你們畫的天堂圖吧。」

洪保和馬歡強忍著淚水，兩人將那幅天堂禮拜寺圖打開來展示在總兵元帥的面前。

鄭和勉強抬起頭來，看到了祖父、父親和幾位阿訇都向他描述過的天堂寺。那些天堂之門，那些白玉石的柱子，那兩隻守衛天堂大殿的黑色獅子，還有那高大的殿堂，那在皀苧絲籠罩中隱去真形的真主。

他嘴角露出一絲微笑，眼睛無力地合上。

這是宣德八年（一四三三年）四月，正是古里的雨季，陰霾漫天，大雨滂沱，整個海面上雨霧濛濛，什麼也看不見。大明船隊的人臉上也都佈滿了陰雲，人們進退兩難。有的人主張趁早開船往回趕，不將總兵元帥活著送回去，對皇上不好交代；有的人主張至少將船開到滿剌加，大家約定在那裏會合，鄭和在昏迷中常常呼喚那些分散到一些島國去訪問的人們，肯定是想同他們見上一面。

王景弘默默地說：「他在海洋中顛簸了幾十年，還是讓他在這裏享受幾天寧靜吧。」

四月初九，突然雨住天晴，先是一縷陽光衝破雲層照射到帥船上，接著密佈的陰雲漸漸散開，天也藍了，海也藍了，整個海面上陽光燦爛。鄭和的精氣神兒，也突然跟隨著天氣有了明顯的好轉，他自己坐了起來，斜靠在枕頭上，原本慘白的臉也泛出了紅暈。他讓人將王景弘等人請到自己的床邊，指著已經整理好並且堆放整齊的航海圖說：「這幅航海圖。請你們帶回去交給朝廷，好多人都說我們下西洋是取寶來的，這話也不錯，不過我們這些年取得的真正寶物不是那些珍珠、寶石、龍涎香，而是這幅航海圖。」

鄭和顫抖的雙唇，似乎還要傾吐肺腑之言，但氣力已經不再允許他多說。王景弘輕輕湊到總兵元帥的唇邊，悉心聆聽。

最後從鄭和口中迸出來卻是石破天驚的一句話：「請告訴朝廷，財富取之於海，危險亦來自海上……」大家聽了一驚，都睜眼看著他，想聽他還要說什麼話。鄭和的兩隻手卻忽地滑落下來，呼吸停止了，心臟也停止了跳動。

尾聲

一四九八年五月二十日，一支由一百七十名水手、四艘船隻組成的船隊來到了古里。古里人始終沒有在意這個遠道而來的船隊，以及這支船隊的率領者——達伽馬。在古里人看來他們與六十年多前的大明船隊不能相提並論，他們誇張的舉止，讓古里人難以接受。

然而，令古里人意想不到的是，這些葡萄牙人登陸後的第一件事，便開始四處尋找所謂的寶貝。

金銀自不必說，那些葡萄牙人從未見過的絲綢、味道異常的香料讓達伽馬和他的水手們欣喜若狂。

因為他們這次奉葡萄牙國王曼努埃爾之命探索通往印度的航程，就是為了尋找傳說中只有天堂才會出產的香料。這些葡萄牙人如獲至寶地捧著香料，認為自己這次發了大財。

達伽馬得意非常，他立即便在這裏豎立了一根標柱，用他自己的話說，一根象徵著葡萄牙主權的標柱。

這是什麼邏輯？在別人的領土上豎立屬於自己主權的標柱。古里人對這根看不懂的柱子付之一笑。

古里人怎麼也沒有想到，這個留著大鬍子，操著一口莫名其妙語言的人，四年後再次登上這片土地的時候，以燒殺搶掠為手段大肆掠奪他們認為無比珍貴的香料、絲綢、寶石。

達伽馬帶著第二次航行掠奪而來的東方珍品回到里斯本，其所得純利竟超過航行總費用的六十倍以上。

其實也不用奇怪，達伽馬在他的這次航行所到之處無不用此手段，或是強取，或是豪奪帶回了大量的珍寶，並到處用他的標柱，樹立他所謂的主權。這，就是西方殖民者的邏輯。隨之而來的，便是歷史上大航海時代的到來。

然而，這位掛著冒險家頭銜的殖民者永遠也不會知道，早在六十多年前，有一個叫鄭和的人，率領著大明帝國的龐大艦隊來到過這裏，並樹立了一座豐碑。

一座代表和平與友好的豐碑。

—鄭和生平簡表—

黑死病在歐洲蔓延。

一三六八年（元順帝至正二十七年 明太祖洪武元年）

朱元璋建立明朝，是為明太祖。

一三七〇年（洪武三年）

明朝開始實施海禁。

帖木兒自稱可汗，建帖木兒帝國。

一三七四年（洪武七年）

明朝罷明州、泉州、廣州三市市舶司。

一三七一（明太祖洪武四年）

出生於雲南昆陽州（今雲南晉寧）寶山鄉和代村，取名馬和。

一三七八年（洪武十一年）

歐洲教會大分裂。

一三九八年（洪武三十一年）

惠帝即位，齊泰、黃子澄建議削藩，引起燕王朱棣反叛（靖難之變）。

一四〇三年（明成祖永樂元年）

琉球、日本、暹羅各國使節到中國朝貢，建立了宗藩與冊封關係。

一三八五年（洪武十八年）

隨軍被調入燕王府邸服役。

一四〇四年（明成祖永樂二年）

因戰功顯赫，成祖賜姓鄭，從此改稱鄭和，並擢拔為內官監太監。成祖派鄭和出使日本。鄭和統督水師十萬到達日本，向室町幕府第三任將軍足利義滿宣旨：「使其自行剿寇，治以本國之法」。足利義滿同時受明朝封賞，並派遣使節獻上抓獲的倭寇，與明朝正式建立了外交關係。雙方簽訂了《勘合貿易條約》，日本以屬國的名義對明朝進行朝貢貿易。明朝賜足利義滿「日本國王」金印一枚，足利義滿回書自稱「日本國王，臣源義滿」。

一四一四年（永樂十二年）

印度圖格魯克王朝滅亡，帖木兒帝國旁遮普總督赫茲爾汗趁機佔領德里，建立薩依德王朝。

一四〇五年（永樂三年）

六月十五日（七月十一日），奉命同王景弘率兩萬七千八百餘人第一次下西洋，首次到達占城，遍歷諸國。於永樂五年（一四〇七年）九月回國，諸國使者隨同朝見，獻俘虜舊港酋長陳祖義。

一四〇七年（永樂五年）

九月，與王景弘、侯顯等率船隊第二次下西洋，此次主要訪問了占城、爪哇、暹羅、浡泥、加異勒、錫蘭、柯枝、古里等國，向錫蘭山佛寺佈施，並迎請佛牙，隨船帶回。於永樂七年（一四〇九年）夏末回國。

一四〇九年（永樂七年）

九月，同王景弘、費信等人率船隊第三次下西洋。到達越南、馬來西亞、印度等地，於永樂九年（一四一一年）回國。

一四一三年（永樂十一年）

十一月，第四次下西洋。船隊繞過阿拉伯半島，首次航行至東非馬林迪，於永樂十三年（一四一五年）七月回國。同年十一月，馬林迪特使來中國進獻「麒麟」（即長頸鹿）。

一四二九年（明宣宗宣德四年）

中山王國尚巴志王滅南山國，統一琉球。

法國少女聖女貞德率領人民攻擊英軍，解奧爾良城之圍。

一四一六年（永樂十四年）

秋冬間，第五次下西洋。最遠到達東非木骨都束、不剌哇、馬林迪等國。於永樂十七年（一四一九年）七月回國。

一四一七年（永樂十五年）

鄭和第五次下西洋，專程到泉州靈山聖墓行香，祈求靈聖庇佑且立碑為記。碑高一百公分，寬四十二公分。碑文云：「欽差總兵太鑒鄭和，前往西洋忽魯謨廝等國公幹。永樂十五年五月十六日於此行香，望靈聖庇佑。鎮撫蒲和日記立。」

一四二一年（永樂十九年）

正月，第六次下西洋。前往榜葛剌，途中遭遇大風，船隻差點被掀翻，中道返回，於永樂二十年（一四二二年）八月回國。

一四二五年（明仁宗洪熙元年）

二月，被命為南京守備。

一四三〇年（宣德五年）

成吉思汗長子朮赤的後裔哈吉・格來脫離金帳汗國建立克里米亞汗國。

一四三一年（宣德六年）

聖女貞德在魯昂被英國人送上火刑柱燒死。

一四三三年（宣德八年）

葡萄牙人吉爾・埃阿尼什沿非洲大陸海岸一直航行到了加那利群島。

一四五三年（明代宗景泰四年）

鄂圖曼土耳其攻陷君士坦丁堡，東羅馬帝國滅亡。

英法百年戰爭結束。

一四六七年（明憲宗成化三年）

應仁之亂爆發，日本進入戰國時代。

一四八八年（明孝宗弘治元年）

迪亞士到達好望角。

一四三〇年（明宣宗宣德五年）

閏十二月，同王景弘等率船隊第七次下西洋。

一四三一年（宣德六年）

鄭和為祈保下西洋往返平安所鑄的雙龍紋銅鐘完成。上有銘文：「永遠長生供養，祈保西洋往回平安，吉祥如意者。大明宣德六年歲次辛亥仲夏吉日，太監鄭和，王景弘同官軍人等，發心鑄造銅鐘一口。」今藏福建南平市文化館。

一四三三年（宣德八年）

四月，在印度西海岸古里（今印度卡利卡特）病逝。

七月，王景弘率船隊回國，宣宗賜葬南京牛首山南麓。

一四九二年（弘治五年）

哥倫布初次航行到美洲，仍以為所到之地為亞洲。

一四九八年（弘治十一年）

葡人達伽馬到達印度，開闢西歐到東方的新航路。

一五〇〇年（弘治十三年）

葡萄牙船隊到巴西，殖民巴西。

帖木兒帝國被烏茲別克人穆罕默德・昔班尼所滅。

一五一九年（明武宗正德十四年）

麥哲倫率西班牙船隊出發，預計環球航行。

西班牙殖民者埃爾南・科爾蒂斯率領船艦和軍人在墨西哥東海岸登陸，入侵阿茲特克帝國。

一五二一年（正德十六年）

麥哲倫為菲律賓土著所殺。

阿茲特克帝國滅亡。

國家圖書館出版品預行編目 (CIP) 資料

鄭和 / 林遙著 . -- 第一版 . -- 新北市 : 風格司藝
術創作坊 , 2019.12
面； 公分 . -- (嗨 ! 有趣的故事)
ISBN 978-957-8697-60-7(平裝)

1.(明) 鄭和 2. 傳記

782.861 108021453

嗨！有趣的故事

鄭和

作　　者：林　遙
責任編輯：苗　龍

發　　行：知書房出版
出　　版：風格司藝術創作坊
235 新北市中和區連勝街 28 號 1 樓
電　　話：(02) 8245-8890

總 經 銷：紅螞蟻圖書有限公司
台北市內湖區舊宗路二段 121 巷 19 號
電　　話：(02) 2795-3656
傳　　真：(02) 2795-4100
http://www.e-redant.com

版　　次：2020 年 2 月初版　第一版第一刷
訂　　價：180 元

ISBN 978-957-8697-60-7 Printed inTaiwan